JN279621

新保育論6
The new perspectives of HOIKU

もっかい読んで！

絵本をおもしろがる子どもの心理

田代康子
Tashiro Yasuko

ひとなる書房
HITONARU SHOBOU

はじめに

「本好きの子どもにしたいので絵本を読みたいのですが、どんな絵本を与えたらいいのでしょう?」、「もう字が読めるし、絵本の文章も覚えているのに、『読んで』と言います。読んでやっていいのでしょうか?」とよく聞かれます。そのたびに、絵本はまだまだ誤解されているなと思います。絵本は、幼児用の「本」ではありません。おとなが教育用に与えるものでもありません。もちろん、文字を覚えるための勉強用テキストではありません。

子どもと楽しいときを過ごそうと、おとなが読んであげたくなるのが絵本です。子どもは、大好きなおとなが読んでくれる声を聞きながら絵を見つめ、ストーリーの展開に心を躍らせ、ページがめくられ次の絵が出てくるまでのわずかな間をワクワクドキドキしながら待ちます。これが子どもにとっての絵本です。

『ロージーのおさんぽ』(パット・ハッチンス作、渡辺茂男訳、偕成社、一九七五年)を一歳すぎの子どもに読んでいたとき、たまたま蜂の大群の道筋を「ブーン」と言いながら指でたどってみたら、子どもがケラケラ笑って私の顔を見るのです。こんなに笑っておもしろがってくれるならと、ブーンに変化をつけて何度も何度もくり返すと、ケラケラ笑いは止まりません。たっぷりここで遊んで、「さあ、ブーンと飛んでってどうなるかなぁ?」と子どもの顔を見ながらページをめくろうとすると、子どもの目が期待に満ち満ちてまーるく見開かれているのがわかります。「どうなるかな?」の思いで目を見合わせているほんのわずかな間、これこそ子どもがいっそういとおしくなる瞬間です。子どもの心の動きに触れたと感じ、子どもと二人だけの秘密を共有しているしあわせを感じるからです。

絵本の読み聞かせをおもしろがっているとき、子どもたちは、ニコニコしたり、しかめっつらをしたり、こわそうに少しずつ後ずさりしたり、いろんな発見をしてしゃべったり、あるいは身じろぎもせず黙ったままというように、じつに素直に自分の心の動きをあらわします。保育の場で十人、二十人の子どもたちに読み聞かせるときには、この一人ひとりの心の動きがたがいに響きあいぶつかりあって大きなうねりになり、ある雰囲気をかもしだします。みんなの心が動いている状態です。この雰囲気のなかにいると、読み手聞き手の区別なく、同じ気分を味わっている仲間だとたがいに肩をたたき合いたくなるような、そんなおもしろさも感じます。

最近、自分の気持ちをうまく表現できず、ちょっとしたことで相手を力いっぱい突き飛ばしたり、殴りかかってしまう「キレル」「荒れる」幼児の行動が問題になっています。自分の感情を受け止めきれずうまく表現できない子どもにこそ、絵本の読み聞かせをしてあげたいと思います。絵本の構成は聞き手の心を動かすようにできているので、聞いている子どもの心の動きや感情が生まれやすく、しかもその感情をごく自然にあらわせるからです。子どもの心の動きや感情を育てるうえで、絵本は重要な役割をになっていると思います。

絵本をおもしろがっているとき、子どもたちは何かを感じ、何かを考え、しっかりと心を動かせています。この「心の動き」をとらえたら、子どもにとっての絵本のおもしろさが解明できると考えました。子どもが絵本をおもしろがっているときの心の動き、それを絵本の展開とかかわらせて分析したものが本書です。いろいろな絵本を多くの子どもたちに読み聞かせ、その心の動きをとりだす過程で、絵本によって心の動き方が違い、おもしろがる内容も違っていることがわかりました。そこで、本書では、絵本をおもしろがっている子どもの心の動きをもとに構成してみました。

第1章では、おもしろがっている子どもの側から絵本をとらえたいという私の基本的立場を述べました。第2章から第5章までは、心の動きが典型的にあらわれた読み聞かせの事例をもとに、こうした心の動きを生み出す絵本構成や絵本の内容について述べました。絵本をおもしろがっているときの子どもの心の動きは絵本ごとにさまざまあるのですが、ここでは、ハラハラドキドキ、コワイコワイ、シミジミ、アリッコナイを取り上げました。第6章では、なぜ子どもが「もっかい読んで」とくり返し読んでもらいたがるのかについて、第7章では、絵本が子どもの心にどのように刻まれ、どのように育っていくのかについて述べました。

絵本がわからないと事例の意味もわかりにくいので、できるだけ絵本の写真をのせました。けれども、すべてとはいかないうえ小さくモノトーン、しかもページをめくることができないので、実際の絵本の魅力にはとおく及びません。事例に出てくる絵本を手元におき、ページをめくりながら本書を読んでいただければ幸いです。とくにじっくり見ていただきたいのは次の絵本です。

『おおかみと七ひきのこやぎ』グリム童話、フェリクス・ホフマン作、瀬田貞二訳、福音館書店、一九六七年
『ねないこ　だれだ』せなけいこ作・絵、福音館書店、一九六九年
『かいじゅうたちのいるところ』モーリス・センダック作、神宮輝夫訳、冨山房、一九七五年
『ノンタン　ぶらんこ　のせて』大友康匠／大友幸子作・絵、偕成社、一九七六年
『すき　ときどき　きらい』東 君平文、和歌山静子絵、童心社、一九八六年
『ラチとらいおん』マレーク・ベロニカ文・絵、とくながやすとも訳、福音館書店、一九六五年
『キャベツくん』長 新太文・絵、文研出版、一九八〇年
『おだんごぱん』ロシア民話、瀬田貞二訳、脇田 和絵、福音館書店、一九六六年

◉目　次◉

新保育論⑥

もっかい読んで！

—絵本をおもしろがる子どもの心理—

第2章　ハラハラドキドキがおもしろい……35

第4章　シミジミするおもしろさ

装丁／山田道弘　扉イラスト／藤倉明子

第1章

子どもにとっての絵本の魅力

第1節　絵本の醍醐味は読み聞かせでこそ

子どもは絵本を読んでもらうのが大好きです。

おとなの膝にチョコンとすわり、あるいはおとなに身体を寄せて並んですわり、読んでくれるおとなの声を全身で感じながら絵本をじっと見る子ども。床の上に置かれた絵本をいくつもの頭が囲み、読み手の背中や膝に手をそっと置きながら、絵を見つめる子どもたち。読み手のまわりにぐるっと並んですわり、読み手の顔近くにかかげられた絵本を見つめ、ときには読み手の顔を見ながら、物語の展開を聞く子どもたち。

幼児の絵本の読み方は、ほとんどの場合このようにおとなに絵本を読んでもらう、いわゆる「読み聞かせ」の形です。この形こそが、子どもの絵本の読み方の特徴であり、ここから独特の絵本の楽しみ方が生まれます。

私はストーリーのある絵本には三つの要素が不可欠だと考えています。よく、絵本は絵と文でできているといわれますが、「絵」と「文」、これが二つの要素です。

そしてもうひとつの要素は「ページをめくること」です。見開きのページの絵と文が補い合い重なり合って読者に情報を与え、読者はある心の状態になります。読んでもらう子どもの側から見ると、見開きのページの絵は左右のページで別々の内容が描かれていても、同時に視野に入ります。このため、見開きのページの絵を見ながら文を聞く読み聞かせでは、見開きのページの絵と文とをあわせて「画面」という単位として考える必要があると思います。ページがめくられるまでのほんのわずかな間、ここで読者の心は大きく動きます。はじめての絵本を読んでもらう場合、「ページをめくる」ということは、子どもにとって未知の世界と出会うことなのです。それまでの展開から次はこうなるはずだと予測できたとしても、果たしてそのとおりになるかは作家次第、ページがめくられ次の画面がでてこないことにはわかりません。「ページをめくること」は、読者にとってはじつに大きな意味があるのです。「読み聞かせ」という形は、「絵」と「文」と「ページをめくる」の三つの要素がまさに統一した形態なのです。

「読み聞かせ」では、文はおとなが読むので、子どもは文を「耳で」聞きます。目で字を読む必要がないので、文が読まれる間、「目で」絵をたっぷりと見ることができます。見ながら聞けるし、聞きながら見られるので、画面の絵からも文からも物語を読み取ろうとします。

文の途中で「さあ、その次は……」と早く先を知りたくても、読み手のおとなは子どもの思いどおりにはページをめくってくれません。ページをめくる主導権は読み手がにぎっているからです。子どもたちはすぐに先を知りたくても、じっと待たざるをえません。その結果、ページがめくられ次の画面がでてくるまでの、時間にしてはほんのわずかな間に、次はどうなるか、きっとこうなるのじゃないかと期待が強まるのです。そこで、ページがめくられ次の画面の絵を見た瞬間、子どもは「アッ」「オーッ」「エッ」「フーン」などと、一瞬ではあるけれどもじつにさまざまな反応をしてしまうのです。まるで自分が期待していたことを確かめているようです。これが、子どもにとっては当たり前の読み方なのです。

一方、おとなの絵本の読み方はどうでしょう。自分で読むおとなの読み方は、子どもの読み方とはまったく違います。ほとんどのおとなの読み方は、ページをめくるとまず「目で」絵をチラッと見、すぐに「目で」文を読み、読み終わるとページをめくりながら「目で」サッと絵をながめるという具合です。目で文を追うために、おとなにとっては文を読むことが中心になり、絵は状況を説明したり雰囲気を感じる程度の挿し絵でしかなく、ページはめくらないと先が読めないからしかたなくめくるものなのです。おとなにとって便利な絵本は、文庫本サイズで細かい漢字まじりの字が書かれ、ところどころに挿し絵があって、あまりページをめくらなくてすむようなものです。つまりおとなの読み方は、絵本の三つの要素がバラバラに切り離され、絵と文が一体となった「画面」としてとらえる必要のない、文にのみ重みがかかった読み方なのです。こんな読み方をしているおとなでも、「読み聞かせ」をしてもらえば、聞きながら見、見ながら聞き、ページがめくられ次の画面がでる瞬間を待つ子どもの読み方と同じ状態になります。自分で読むときとはまったく違ったおもしろさを発見できるはずです。

絵本の読み聞かせにまだ慣れていない子どもの場合、読み手が一画面全部の文章を読み終わらないうちにページをめくりたがることがよくあります。このとき子どもは、ページをめくるとさっきとは違う絵がでてくること、つまり「ページをめくること」と「絵」との関連を発見しておもしろがっているのです。ですから、無理に文章を全部読むと子どものおもしろがっていることと違ってしまいます。子どもがページをめくって画面が出たら、「あっ、またいたね」とか「クマさんだ」などと言って、絵を「読む」ことが大切です。子どもがページをめくろうとするとき、「今度は何がいるのかな?」とか「どうなっているのかな?」などと言って、子どもと一緒に次の画面を楽しみに待つことも大切です。子どもにとっては、こうした読み手の言葉こそが絵本の「文」だからです。こんな読み方をくり返すうちに、子どもたちは「絵」と「文」と「ページをめくること」とが組み合わさった「読み聞かせ」のおもしろさに気づいて、文章を聞きもらすまいと耳をすますようになります。

「絵」と「文」と「ページをめくること」の三つの要素でできている絵本は、「読み聞かせ」でこそ、その魅力を最大限に発揮できるのです。絵本をおとなに読んでもらう幼児は、まさに絵本の醍醐味を満喫できるのです。

第2節　大好きなおとなと遊ぶとき

子どもが絵本の読み聞かせを好むもう一つの魅力は、なんといっても大好きなおとなを独占できるというところにあります。

『チポリーノの冒険』を書いたイタリアの児童文学者ジャンニ・ロダーリは、子どもの立場からこのことを次のように鋭く指摘しています。

まず第一に、おとぎ話は子どもにとって、大人を身近にひきとめておくための格好の道具なのだ。母親はいつも忙しいし、父親は、くり返し不安のもととなるふしぎなリズムにしたがって、現れたり消えたりする。大人が子どもの好きなだけあそんでくれて、途中で止めたりせずに完全に子どものいうなりになってくれることはめったにない。だが、おとぎ話があれば別だ。お話しがつづいている限り、ママはそこにいてくれて、子どものためだけのいつまでもやさしい存在となり、保護と安心とをあたえてくれる。はじめのお話しがおわって、二番目のお話しをせがんだとしても、本当にそのお話しがおもしろかったり、出てくる事件に興味をもったたからだとはいえない。たぶんかれは、そのよろこばしい状況をできるだけ引きのばし、ベッドのそばや、いっしょにすわっている長椅子に、母親をひきとめておきたいのだ。お話しはとっても便利なものだ、ママがすぐ逃げて行ってしまおうとしないから……。

（ジャンニ・ロダーリ著・窪田富夫訳『ファンタジーの文法』筑摩書房、一九七八年、二〇四ページ）

おとぎ話を語ってもらうのと絵が意味をもつ絵本とでは多少の違いはあるでしょうが、「大好きなおとなを独占できるとき」という基本は同じです。おとぎ話も絵本も、そのストーリーの始めと終わりが決まっているからです。読み始めたら、終わりまではひとまとまりなのです。だから、たとえ途中で電話がかかってきたりお湯が沸騰しておとなが絵本を読むのを中断したとしても、子どもは「まだ終わっていないよ。続きを読んで」とおとなに言えるし、おとなもそのままにしておくわけにはいかないのです。原則として途中で打ち切られることはないのです。ところが、積み木やごっこあそびの中断だと、おとなも子どももそれまでの気分が続かなくなったり何をしていたか忘れてしまったり、そもそもこうしたあそびはどこで終わりになるかはっきりしていないので、再びおとなと遊び続けにくいのです。一冊の絵本が終わるまでの時間は、子どもがおとなを確実に独占できるときなのです。子どもに「絵本を読んであげるから、好きなのをもっておいで」と言うと、彼らは長い絵本や何冊もの絵本を持ってきます。読み終わるまではいっしょにいられると、子どもたちはよく知っているのでしょう。

ロダーリはこの「独占できるとき」の子どもの気持ちを、続けてこう書いています。

おとぎ話という静かな川がふたりのあいだを流れている限りは、子どもは結局母親をゆっくりと楽しみ、かの女の顔をすみからすみまで観察し、目や、口や、肌を探ることができる……聞くために聞いている。だが、時には心をそらせたっていいのだし、——たとえば、もうそのお話しを知っている場合など（いや、たぶんもう知っているからこそ、また読んでくれと意地悪くたのむのだ）——したがって、お話しがただ規則的に展開しているかどうか見張っていさえすればいいのだ。そのあいだ彼を大きく占めているのは、母親や大人にたいする観察である。好きなだけ長いこと観察できる機会などめったにないのだから。

（『ファンタジーの文法』二〇五ページ）

子どもに絵本を読んでいるとき、文を読みながらちょっと目を子どもの顔に向けると、子どもの目とバチンと合うことがあります。子どもはもちろん絵も見ているのですが、一生懸命読んでいるおとなの顔をじっと見つめることもよくあるのです。まさに、「かの女の顔をすみからすみまで観察」しているのでしょう。くり返しくり返し読んでいるお気に入りの絵本をちょっと間違えて読むと、子どもはすかさず「違うよ」とか「ちゃんと読んで」とか言うことがあります。ちゃんと覚えているなら自分で見ればいいのにとおとなは思ってしまいます。でも、子どもは、自分のために読んでくれている大好きな人をじっと観察しながら、大好きな人の表情や声音と一体になった絵本の世界を味わっているのです。

絵本の読み聞かせは、おとなと子どもが心を通い合わせられるときなのです。おとなも子どもも絵本をいっしょに楽しんで遊べばよいのです。こんな投書をみつけてうれしくなりました。

先日、私が絵本を買ってくると、主人が「おっ、新しい絵本やな。お父さんが読んだろう」と言って、十カ月の長男に読み聞かせました。

主人公がせきやくしゃみをしているページでは「なさけないなあ。かぜひいたんかなあ。おまえはまだかぜひいたことないもんなあ」と話しかけ、主人公が聴診器をあてられる場面では、「もしもし、もしもし」と、息子の胸に聴診器をあてるまねをします。

この調子で、一ページめくっては息子に話しかけたり、絵と同じ動作をしたりして、二人で笑っています。台所でそれを聞いていた私は、ハッと思いました。

私は今まで「絵本を読み聞かせて賢い子にしなくっちゃ」という思いばかり先走っていました。字を忠実に読み、話しを進めるのに一生懸命なので、私が読むとすぐに読み終わってしまうのです。主人が読んでいるのを聞いて、一緒に絵本の絵を楽しんだり、絵本を通して話しをしたりすることの大切さに気がつきました。

（大阪、和田芳香さん「朝日新聞」一九九二年四月二九日付）

子どもは絵本の読み聞かせで絵本そのものを楽しみながら、同時に大好きなおとなといる幸せを感じているのです。お母さん、お父さん、おじいちゃん、おばあちゃん、保育者、文庫のおばちゃんなどなど、いつも読んでくれるおとなだけではありません。自分のために自分が楽しくなるように心をこめて絵本を読んでくれる人だれもが、子どもにとって大好きなおとなになりうるのです。

第3節　ストーリーの展開にともなって心が動くことがおもしろい

読んでいる過程そのものが楽しい

子どもがストーリーのある絵本の読み聞かせを楽しむ心理は、おとながストーリー展開のある本や漫画を読むときの楽しさと共通しています。

おとながこうした本を楽しむとき、登場人物の行動や心理描写や心理表現をもとに、読者や観客として自分自身のなかにある感情が生まれ、その感情を楽しみながら同時にその感情に引きずられるようにして先を知りたくなって楽しみます。

たとえば、手塚治虫氏の漫画『アドルフに告ぐ』（第一巻、文藝春秋社、一九八五年）を読んでいるときの自分の心理状態を考えてみればよいのです。冒頭は、《これは　アドルフと呼ばれた　三人の　男たちの物語である。》という文章と、外国のらしい墓地の絵が描かれています。絵と文から、静かなしかし深刻な雰囲気を感じます。「何があったのだろうか」とこれからの展開が気になってページをめくります。《私の名は峠草平……》　の文から、自分が一人の登場人物の気持ちをたどりはじめるのがわかります。彼の焦り、怒り、悲しみ、疑問を自分のそれのように感じて、彼といっしょに謎を解明する気分になります。ストーリーが展開して二人のアドルフが登場すると、今度はこの二人の悲しみや楽しみを感じます。一章、二章と展開するにつれて、次はどうなるかと一刻も早く先を読みたい気持ちになります。ハラハラしたり、ドキドキしたり、ホッとしたり、憤ったり、シミジミしたり、こわかったり、楽しくなったりと、ストーリーの展開とともに心が動いているのです。しかも、展開するうちに自分が味方して心配する登場人物が峠氏から別の登場人物に次つぎと替わり、場面や展開によっては、たとえ峠氏の敵である登場人物にさえも自分が味方してしまっていることに気づきます。

子どもがストーリーのある絵本を楽しむときの心理も同じなのです。ハラハラドキドキしたり、こわかったり、シミジミしたり、アハハハと笑ったり、疑問に思ったりとその時々の心の動きを楽しみ、同時に先を知りたくてたまらなくなり読み終わるのです。もちろん、子どもの絵本はおとなが楽しむ本よりは登場人物の関係も事件も単純ですが、読んでいる最中に心が動くという点ではまったく同じです。

おとなが推理小説を読み終わって「あぁ、おもしろかった」というとき、おもしろかったのは読んでいる最中に自分が感じた心の動きです。おびえる登場人物の恐怖、犯人の動機や追い詰められるときの焦り、推理し追跡する者の恐怖や快感などなどが「あぁ、おもしろかった」なのではないでしょうか。「この本で作者はこういうことが言いたかったのだ」とか、「この推理小説でこんな教訓を学べた」からおもしろかったわけではないでしょう。だから読み終わった直後に言えるのは、「おもしろかった」という満足感の表明か、「こわかった」とか「この探偵はなかなか魅力的だった」とかの漠然とした印象なのではないでしょうか。「おもしろいよ、よかったよ」と友人に勧めることはできても、「どこが?」と聞かれても言葉で表現するのは難しくて返答に困ってしまうような感じなのです。あの本でこんなことを知ったと言えるようになるのは、一定の時間をへてからではないでしょうか。

子どもの絵本もそうなのです。読み聞かせしてもらっている間の心の動きが楽しいのです。絵本を読むとき「この絵本で著者は何が言いたいのか」と問題にする人がいますが、おとなが推理小説を読むときの楽しみを考えると、こんな問題の立て方は一面的です。読んでいる過程そのものが楽しい、そんな本のとらえ方をすると子どもが絵本を読む楽しさに近づけるのではないかと考えています。

読者の心の動きをどう解明するか

心理学研究者は、こうした読んでいる最中の読者の心の動きを解明したいと思っています。ところがこの方法はなかなか厄介なのです。私が小学校五年生のとき、心理学研究の被験者になったことがあります。学校の図書室に数人が集められ、大学から来た人たちに指先に何かコードのついたものをつけられ、箱にボタンのついたものが置かれているところにすわらされました。「スライドを見ながら、どんなことを感じたのかを調べます」と言われました。スライドは有島武郎作の『一房の葡萄』でした。わざわざ来た人たちなのだから協力しなくちゃと健気に思った私は、見ながら、辛いだろうなとかかわいそうだとか自分の感情をしっかり心のなかの言葉にまでして、指示されたようにボタンも押して一生懸命スライドを見ました。後に、読書中の心理に関するデータをどのようにとるか考えていて心理学の研究論文を探していたとき、私が被験者になったこのときの論文を発見しました。

指につけたもので皮膚電気反応（ＰＧＲ）を測り、ボタンを「『おもしろい、興味がある、感動した』と思ったときは①を押す、『つまらない』と思ったら②を押す、『こわい、いやだ』と思ったときは③を押す」と指示されて押したのだとわかりました。当然のことですが、被験者の私が努力した心のなかの言葉については何も言及されていませんでした。「ＰＧＲで測定しうる情緒反応が読書過程に於いて如何なる心理的意味をもつかということ」は、未解決の問題として残されていたのです。（宇留野藤雄／阪本敬彦「読書中の情緒の測定」『読書科学』第四巻第二号、一九五九年、一〇ページ）

この読書中の心理の一連の研究のまとめとなる論文には、さまざまな生理学的指標を使って読書過程の反応を記録することについて、「このような心理学的方法は、あくまで、対象となる作品を離れた研究対象とみなされなければならない。現在の研究段階では、作品全体から受ける被験者の反応を検出することはこの研究に用いた生理学的検査法では困難である」と書かれていまし

た。（原野広太郎「読書中における心理・生理反応に関する研究（二）」『読書科学』第六巻一・二号、一九六二年、一二ページ）

その後も生理的指標以外にもいろいろな方法で、読んでいるときの心の動きを記録しようとさまざまな試みが行われてきましたし、私もいろいろ試みてきました。そして、けっきょく今私がやっているのは、読み聞かせ中の子どもが外側にあらわした観察可能な「ようす」と、その場でしか感じられない「雰囲気」を記述し、それをもとに子どもの心の動きを推察し、典型的な心の動きを示す事例を取り出すという方法です。絵本をおもしろがる子どもの心理としてこれから述べようと思っていることは、こうした方法で得た事例をもとにしています。

第4節　仲間といっしょに読むからおもしろい

自分たちがつくりだす「雰囲気」を楽しむ

保育園や幼稚園のクラスの子どもたちに絵本の読み聞かせをしていておもしろいのは、聞いている子どもたちが生み出す雰囲気がひとつになり、しかもそれがストーリーの展開にしたがって変わっていくということです。シミジミした展開では全体がシーンとするし、おかしいときは爆笑するし、「アレッ、変だな」といったときには全体の雰囲気が「ンッ?」という感じになるし、ハラハラドキドキの緊張がプツンと切れたときには子どもたちは口々にしゃべりはじめ、読み終わった後に満足の吐息だけがして誰も声を発しないなど、みんなの気分がひとつになるのです。いっしょに絵本を楽しんでいる仲間が生み出すこうした雰囲気のなかにいる、これも子どもには絵本の楽しみのひとつといえると思います。

これはおとなでも経験している楽しみでしょう。劇場で演劇を見ているときや映画館で映画を見るとき、舞台や画面の俳優と自分だけのような気分になるときもありますが、まわりの観客と一体になったような気分になるときもあります。とくに言葉をかわすわけではないのですが、シーンとしたり、笑ったり、涙ぐんだりする他の観客の息づかいが感じられる喜びがあります。自分だけの感情のように思えていたことに市民権が与えられたような安心感ということかもしれません。自分の感情が増幅されていくような楽しみかもしれません。それは、テレビドラマをたったひとりで見るよりも、家族といっしょに見るほうがおもしろいということとも似ているでしょう。舞台や画面と個々の観客という関係では生まれえない、観客相互の関係から生みだされる雰囲気です。

絵本を複数の子どもたちに読み聞かせていると、子どもたちのこうした雰囲気は読み手にもわかります。読み聞かせを始めようとすると、子どもたちは自分のすわっている位置では絵本が見にくいとか、タイトルを読んでみたり、この絵本は知っているとか知らないとかかなりワイワイと騒がしいのがふつうです。こんなとき「ウルサイ！」などと叫ぶ子がよくいるのですが、「アッ、いけない。始まるんだっけ」とでもいうようにしだいに騒ぎはおさまります。読みはじめたときはザワザワしていても、絵本のストーリーが展開しだすと、徐々に雰囲気はひとつにまとまっていきます。絵本によってこの雰囲気のまとまり方はまったく違います。ある絵本ではシーンとして緊張から始まるし、ある絵本では声を潜めた「クックッ」といった笑いからはじまるし、ある絵本では「エッ」という軽い驚きから始まります。ストーリーが展開するにつれて、このはじめの雰囲気は変化していくのですが、そこに集って読んでもらっている子どもたち全体で自分たち独自の雰囲気をつくりだしていきます。

読み聞かせを子どもたちが自由に楽しんでいるときには、この雰囲気が生きいきとつくられていきます。たとえば、笑いたくなる絵本の場合、はじめ「クックッ」とわずかに起こる笑い声も、ほとんどの子どもたちの気持ちにピッタリしていれば誰も文句を言いません。それどころか、まわりの子どもも同じように笑いたくなる場面になれば、笑い声はもっと大きく、もっと多くの子どもたちからあがります。こうなると、「おもしろいねえ」なんてハッキリ言い出す子どももでてきます。それでも誰も「ウルサイ」なんて言いません。絵本作家はこんな子どもたちの気持ちを予期しているのでしょう、どんどん子どもたちを楽しい気分にさせて、ついに全員で大爆笑となることもあります。

子どもたちのことですから、こんなときの興奮は並大抵ではありません。「すごくおかしい」とわざわざ椅子からズリッと落ちて気持ちを表現する子、ゲラゲラゲラ笑いが止まらない子、絵本に駆け寄って真近で見ようとする子、「おもしろいねえ」を連発する子、「あのさあ、あのさあ」としゃべりたくてたまらない子などなど、それはまあ賑やかなものです。こんなとき、たとえ「ウルサイ！」なんて言う子がいたとしても、今度はみんなの気持ちとはズレているので誰も「アッ、いけない」とは思いません。一人ひとりあらわし方は違うのですが、みんな何らかの形で自分の気持ちを表現したくてしょうがないのです。仲間と読み手とで今の気持ちを共有したいのです。

この興奮した雰囲気はひとしきり続きます。でも、ひとしきりなのです。大爆笑の余韻を堪能しきると、タイミングを見計らって文を読み出すおとなの声を聞こうと、笑い顔やワイワイを残したままではあってもまた絵本に耳や目を集中させ、しだいに次の雰囲気をつくりだしていきます。

絵本の集団読み聞かせで楽しいのは、子どもたち全体のこうした独特の雰囲気を感じられるときです。ひとりの子どもが思わず発した言葉や吐息が自分の気持ちと同じときはちっともうるさがらず、むしろそれでいっそう絵本の世界に引き込まれていく子どもたち。仲間と心がつながった証ともいえる雰囲気のなかに読み手も加わっている、まさに読み手冥利につきるひとときです。

「手はお膝、お口にチャック」への疑問

私の幼稚園時代、紙芝居を見るときは、「手はお膝、お口にチャック」と言われました。読み終わると、「目をつぶってください。静かにできた良い子の頭に先生がソッと手をのせますから、その子から外で遊んでいいですよ」と言われました。五歳児クラスにいた当時の私は一生懸命良い子でいようとしましたから、紙芝居は静かに聞かなくちゃ、読み終わっても目をしっかりつぶって静かにしていなくちゃと努力していました。ある日、こんなに良い子にしているのに、いつまでたっても先生が頭を触ってくれないなと思ってソッと薄目を開けて見たら、先生がただ順番に触っているらしいことを発見してしまったのです。以来、静かに紙芝居を見る、静かに絵本やお

話を聞く、静かにすわっているということに漠然と疑いをもってきました。

実際に子どもたちに絵本を読み聞かせると、「手はお膝、お口にチャック」で聞くことに慣れている子どもたちはまったく反応してくれないので、読み手としてはちっともおもしろくないことに気づきました。しゃべってもいい、動いてもいいという安心感がないと、黙っていても可能な目の輝きや「アッ」といった表情の変化、身を乗り出すということさえしなくなってしまうのです。

四十年以上前の幼稚園の人数はとても多かったことでしょうから、しかたなかったといえばそれまでですが、せっかく仲間といっしょに楽しんでいるのですから、街頭の紙芝居屋さんのようにまわりの仲間の気持ちを感じて楽しめればよかったなと思います。「手はお膝、お口にチャック」のやり方は、しゃべりだしたら収拾がつかないというおとな側の発想でしょう。

絵本の読み聞かせは臨場感あふれるものです。子どもたちが仲間とつくりだした独自の雰囲気のなかで、絵本を楽しむ。そして読み手もその仲間のひとりになって、「大好きなおとな」にしてもらって楽しみたいものです。

第2章

ハラハラドキドキがおもしろい

第1節　『おおかみと七ひきのこやぎ』と三歳児クラス

どうしてこの絵本がおもしろいのか

子どもたちが大好きな絵本というとすぐにあげられるのが、『おおかみと七ひきのこやぎ』の絵本です。グリム童話ですから、多彩な絵本作家によっていろいろな出版社から出版されています。書店で売られているもの、定期購読者に配本されるもの、絵本ではなく読み物になっているものなど手当たり次第に集めてみると、驚くほど多いのです。ところが、とても興味深いことに、保育者の実践記録や読み聞かせたい絵本リストにあげられるのはどれも、フェリクス・ホフマン絵、瀬田貞二訳の『おおかみと七ひきのこやぎ』（福音館書店、一九六七年）なのです。

どうしてこの絵本だけがこんなに取り上げられているのか、子どもたちはなぜおもしろがるのか、実際に子どもたちに読み聞かせてこの目で確かめてみようと思いました。もう二十年も前のことです。

三歳児クラスの十人の子どもたちに読み聞かせました。彼らは三歳ではじめて集団保育を経験したのですが、保育が始まって三ヶ月たち、絵本の読み聞かせにも慣れてきた頃に読みました。テレビで見て大体の話を知っていた子どももいましたが、絵本としてグリム童話『おおかみと七ひきのこやぎ』に最初に出会ったのは、フェリクス・ホフマンの絵、瀬田貞二の訳の、この絵本でした。

読みはじめたときには、「見えなーい」だの、「どれがお母さん?」「お父さんがいない」などと騒がしかった子どもたちも、オオカミが登場しだすとシーンとなって聞きだしました。その後も子どもたちは興味深いことをいろいろしゃべりながら絵本に夢中になっていくのですが、そこは省略して、もっとも子どもたちの心の動きが特徴的にあらわれてくる足を白くしたオオカミが登場する場面から再現してみましょう。

『おおかみと七ひきのこやぎ』
（福音館書店）

オオカミが入ってくる！

七画面。声をきれいにし前足も白くして、さあいよいよオオカミが子ヤギをだまして扉を開けさせるところです。画面には、扉の外のオオカミの絵が描かれています。得意満面といった表情のオオカミが、扉の窓に白い前足をかけているところです。

《「あけておくれ、こどもたち。おかあさんが　かえってきたよ。おいしいものを　もってきたよ」》とオオカミのセリフを読むと、

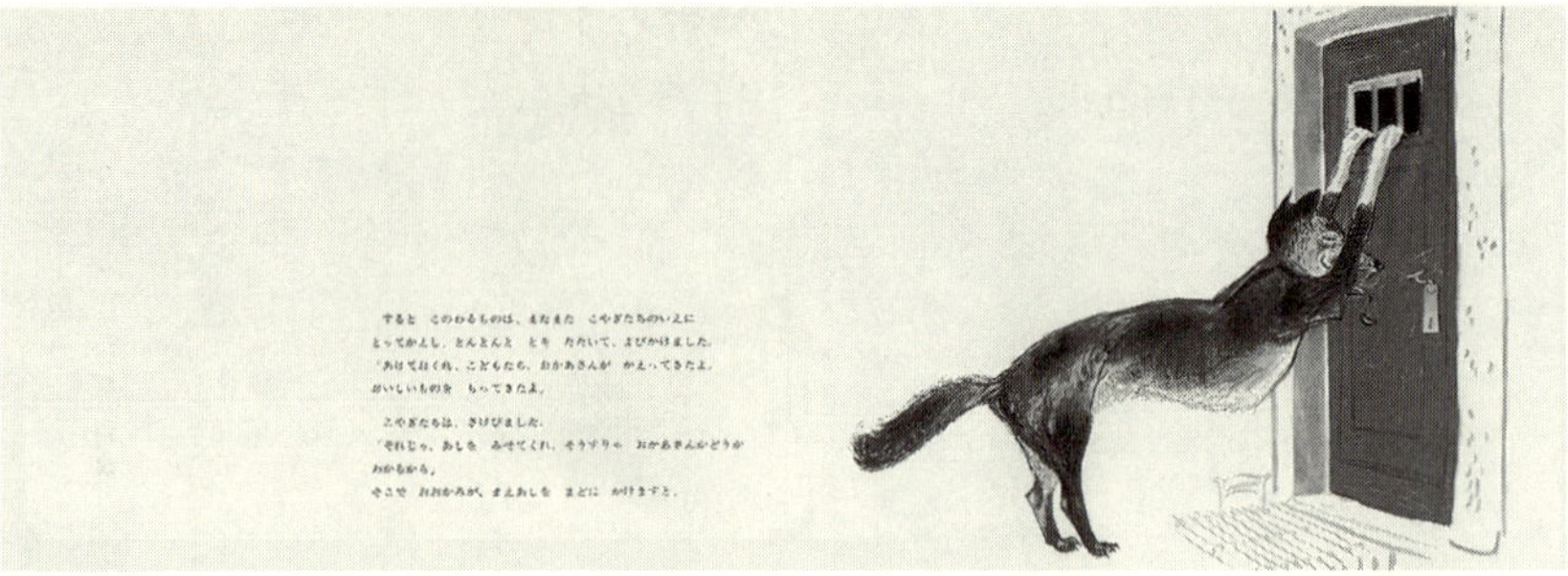

七画面

早苗ちゃんが憮然とした調子で「持ってこないもん」とボソッと言います。続けて、《こやぎたちは、さけびました。「それじゃ、あしを　みせてくれ。そうすりゃ　おかあさんかどうか　わかるから」》と読むと、かずまさくんが「オーカミー！」と大きな声で叫びます。思わず口をついてでてしまったという調子です。薫子ちゃんは「こわーい」と言いながら身をすくめ、かなりこわそうにしています。子どもたちの真剣な顔を見まわしながら、オオカミが子ヤギを食べてしまうことを心配してかなりハラハラドキドキしているなと感じ、この雰囲気にこたえようと読み方もかなり緊迫したものになっていきます（読み聞かせを録音したテープを聞くたびに、自分でも「うまい」と感心するほどです）。

子どもたちの顔をみながら、《そこで　おおかみが、まえあしを　まどに　かけますと、》と緊迫ムードをだしてゆっくり読むと、彼らの身体がキッと固くなるのが感じられます。この緊張した雰囲気に巻き込まれ、読み手の私は「さあ、一大事……」とばかりにサッと勢いよくページをめくってしまいました。

ところが、めくった次の八画面は、一転して家の内側の絵。窓

八画面

にかかる白い足の下で、うれしそうな子ヤギたちが扉の鍵を開けようとしているところです。この絵だけを見れば、「アッ、お母さんだ」とだれだって思います。なんとなくオオカミが飛び込んでくる雰囲気になっていた私は、あわてて態勢を立てなおして文を読みだしました。

《あしが　しろいのを　みて、こやぎたちは、たしかに　おかあさんだと　おもいこみ、さっと　とを　あけました。》と読みだすと、こわそうな表情になっていたタンちゃん、薫子ちゃん、真由美ちゃんが顔を手で覆ってしまいました。でもちゃんと、わずかな指のすき間から目が見えます。こわいけれどもしっかり画面を見つめないわけにはいかないのでしょう。

この画面の最後の文《ところが、はいってきたのは、》を読みながら子どもたちの顔を見ると、彼らは文字どおり「固唾をのむ」という状態です。そうそう、このハラハラする気分が楽しいのよねと私もうれしくなり、「じゃあもっとハラハラしてみようか」とちょっといたずら心を起こして、オオカミが飛び込んでくる次のページをめくるのに一呼吸ばかりの間をとってみました。すると

九画面

子どもたちは、「早くめくって！」と言わんばかりに、身体をズンと乗り出すのです。

それを見て、サッと次の九画面を開きながら《おおかみ　でした！》と読むと、子どもたちは「アッ」と息をのんで声もありません。《こやぎたちは、たまげて、かくれようとしました。一ぴきは　テーブルのしたへ、二ひきめは　とだなのなかへ、》から、《でも　おおかみは、それを　たちまち　みつけだして、つぎつぎに　がぶりがぶりと　のみこみました。》までかなり長い文が続くのですが、この間子どもたちはシーンとして身じろぎもしません。

ところが、その先の《ただ、とけいのはこに　かくれた　いちばんすえの　こやぎだけは　みつかりませんでした。》まで読んだところで、この緊張ムードはサーッと消えました。

「そしたらお腹悪くなっちゃうもん」

「あのね、タンちゃん見たことあるよ、テレビで」

「そいでね、おなかいっぱいになって、猟師が来るの」

「お母さんがね、お腹切って、針でね……」

「僕、象さん見たことあるよ」
「家に持ってるよ」
「そいでプールにはいっちゃうの」
「そいで海にのみこんじゃって、死んじゃったの」
「知ちゃん、動物園にオオカミ、見にいった」
「知ちゃん、ちっちゃいオオカミ見たの」
「動物園に行ったら、オオカミこんなにいちゃった」

などなどと、いっせいに、口々に話しはじめたのです。この先を語らずにはいられないという子もいれば、赤ずきんちゃんの話とこんがらがった子もいるし、オオカミのすごさを生々しく話したい子もいて、子どもたちの言うことは錯綜しています。でも、子どもたちがしゃべっていることのすべては、これまでの物語の展開とかかわっているのです。驚嘆しました。今の自分の気持ちをとにかく伝えたい、なんとか表現したい、という感じなのです。先を読みだそうとすると誰かがしゃべりだすという具合でしたが、ひと区切りついてその先を読みだすと、またまたシーンとして真剣な面持ちで聞きだしました。

オオカミ、落っこちて！

十画面の終わりの文《はなしをきいて、おかあさんやぎが　どんなにないたか　おわかりでし

十画面

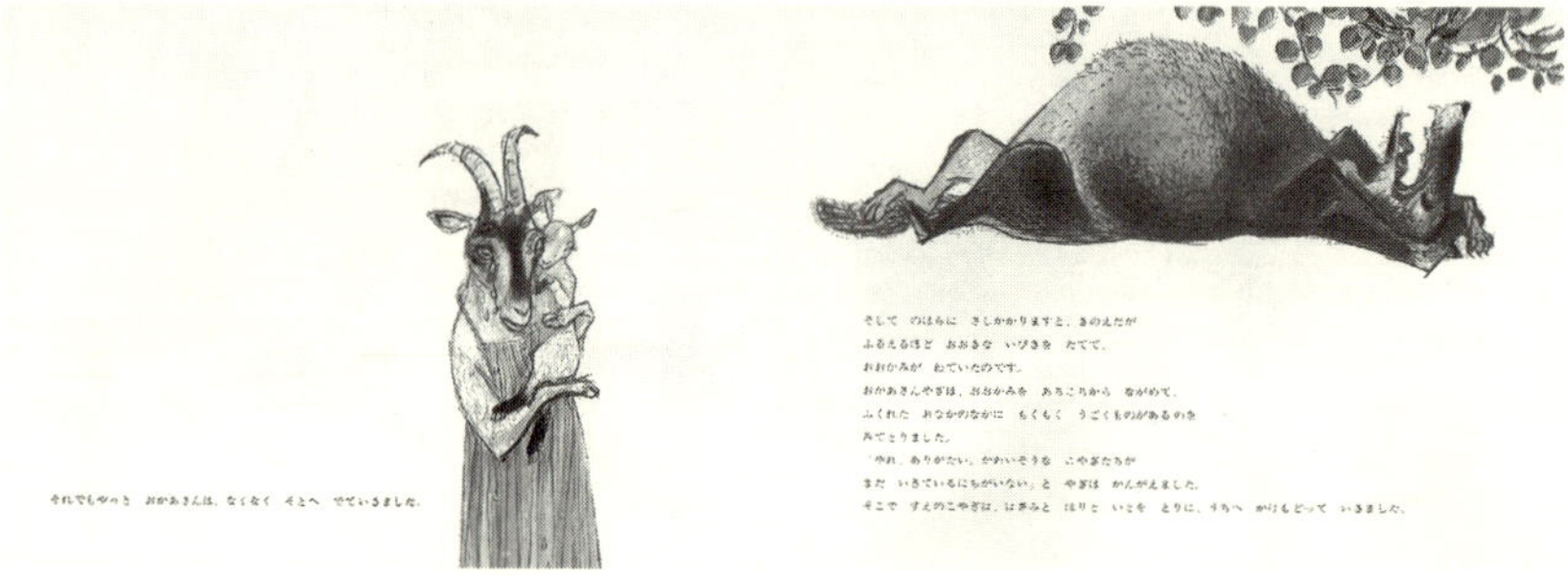

十一画面

ょう。》を読み終わると同時に、テレビで見たというタンちゃんは、「針持っていってね、おなか切るの」と言います。

十一画面、オオカミを見つけた母ヤギが子ヤギに糸とハサミを取りに行かせる文が終わると、やはりタンちゃんは「切っちゃうの？そいで」などと、物語の展開を先回りして言います。けれどもそれは、知っているからみんなに教えるというのではなく、オオカミがやっつけられ子ヤギが助かることを期待し、それを自分でも確信したくて言っているようなのです。

十二画面、母ヤギのセリフの最後の《このわるものの　おなかの

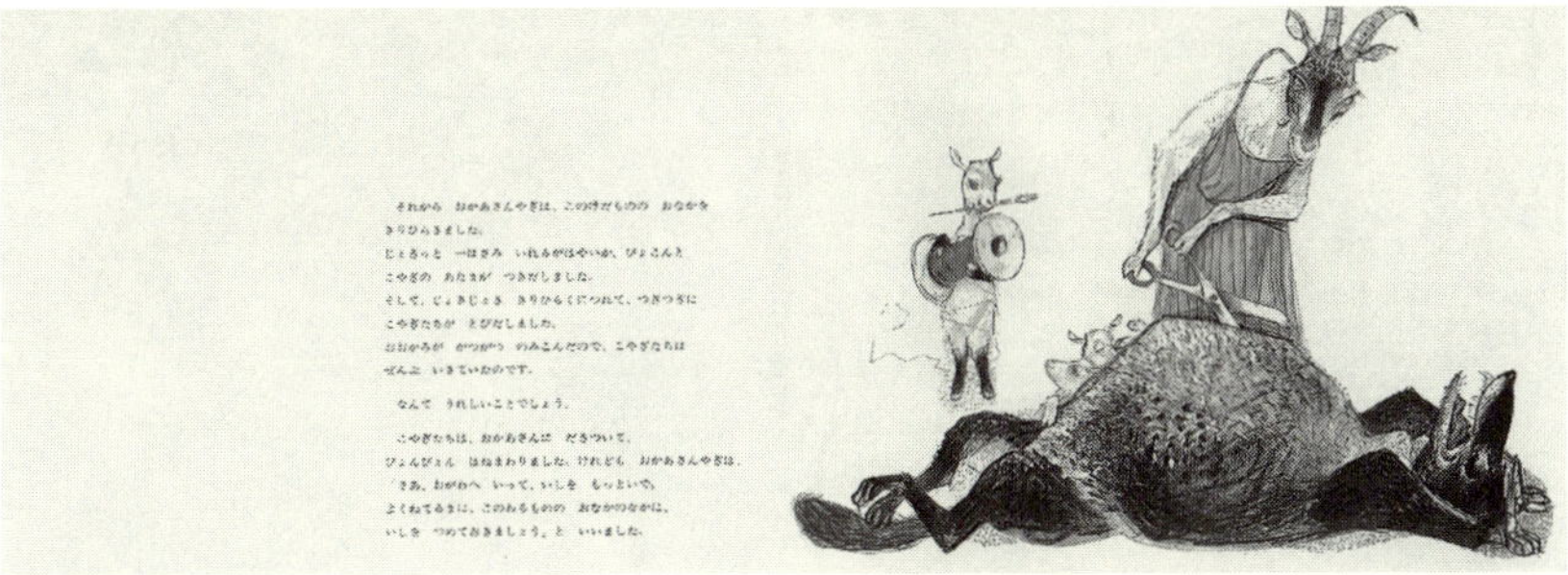

十二画面

十四画面

なかに、いしを　つめておきましょう》の文を読んだ直後、タンちゃんは、「石、痛いよ。石は痛いよ。投げると血が出ちゃうもん」と言いました。突然のことにうろたえて、「そう」としか言えませんでした。石を詰められるオオカミは痛いと考えているのか、それとも子ヤギはのみこまれたときもっと痛かったと考えているのかわかりませんが、とにかく痛みを感じながら聞いているのだな、子どもは自分の感覚に重ねて感じながら聞いているのかもしれないと思いました。

　十四画面、目を覚ましたオオカミが《おなかのなかで　ごろごろ

十五画面

十六画面

がらがら　ころがるやつは　なんだろう。》と言う文の直後、タンちゃんが「今、落っこちるよ、川に」と期待をこめた調子で言えば、真由美ちゃんはじつに現実的に「石！」と言います。《こやぎが六ぴきと　おもっていたが、うるさい　いしころみたいだぞ》まで読むと、かずまさくんも「落っこちるよ、ほんとに」と言い、みんなも、タンちゃんの予告する「オオカミ落下」の結末になってほしいと願っているかのようで、ウンウンという表情でいます。

十五画面、子どもたちの期待にこたえてサッとページをめくりました。画面は、井戸の中に落ちかかっているオオカミの絵が左ページに、水が渦巻いている井戸のまわりでヤギ一家が喜んでいる絵が右ページにと構成されています。子どもたちは一目で結末を知るのですが、文は《そして　おおかみは、みずのうえに　かがんだとたん、いしのおもみに　ひっぱられて、どぶん！　おぼれしんでしまいました。》と続きます。静かに聞いていた子どもたちですが、この文を読み終わると同時に「見せて、先生」と早苗ちゃんが絵本に駆け寄り、続いて我も我もとみんなが絵本の前に殺到しました。私はその押し合いへしあいの子どもたちの興奮ぶりに圧倒されながら、《……いどのまわりで、おどりをおどりました。》と最後をやっとのことで読みました。

それでもなんとか十六画面を開き、ベッドの子ヤギを見守る母ヤギが描かれている絵をゆっくり見せ、そして裏表紙を閉じ、「おしまい」と言うと、タンちゃんが突然拍手したのです。と、何人もがそれに続き、そのうえ「どうもありがとう」など、それまで一度も聞いたことも求めたこともない言葉までが飛び出たのです。これには本当に驚きました。「そんなにおもしろかったのか……」と、余韻さめやらぬというようすの子どもたちにたじたじとなってしまいました。

文章にするとなんとも迫力に欠けるのですが、保育の場でこの絵本を読まれた方は似たような体験をなさっていることと思います。ハラハラし、オオカミは悪い奴だと感じる子どもたちの心の動きがビンビン伝わってきました。このときの読み聞かせの印象は忘れられません。子どもが絵本に夢中になるというのはこういうことかと、しみじみと思わされたからです。

第2節　「オオカミ！」は誰に言ったのか

「読者」という立場

この読み聞かせで、子どもたちは何がおもしろかったのでしょう。

心理学的な分析をしてみようと、子どもの発言数を指標にすると、何がおもしろかったかという問題から離れてしまいます。ならばと、子どものしゃべった言葉の意味を分析しようと試みました。子どもが絵本に夢中になっているようすを、よく「子どもが登場人物になりきっている」と言いますから、子どもたちがしゃべった言葉の意味を、「どの登場人物の立場になって言っているのか」という視点から分析してみました。読み聞かせ中に子どもがしゃべった言葉一つひとつを取り出し、その場にいた者のみが感じるニュアンスを生かして分析したのです。もっとも子どもたちが緊張し興奮した、いよいよオオカミが飛び込むという七画面、子ヤギが母ヤギだと思い込み扉を開けようとする八画面、オオカミが飛び込んで子ヤギを食べる九画面の途中までについてみてみましょう。

驚きました。ここで子どもたちが言ったことは、「（おいしいものを）持ってこないもん」だし、「オーカミー！」なのですから。もし子どもたちが子ヤギに「なりきって」いたら、ここでは「ワーイ、お母さんが帰ってきた！」と言うはずです。ところが、そうは言っていません。もし子どもがオオカミに「なりきって」いたら、「持ってこない」とか「オオカミだよ」などと言うはずがありません。母ヤギに「なりきって」いたのでしょうか。

「誰に、何を、伝えたくてこう言ったのか」という視点でみるとはっきりします。子どもたちは、「子ヤギたち」に、「扉の外にいるのはオオカミだ」ということを知らせたかったのです。子どもたちは登場人物に「なりきって」いるのではないのです。子どもたちは「読者」という独特の立場にいるのです。読者である子どもたちは扉の外にいるのはオオカミだと知っているので、「外にいるのはお母さんじゃないョ。オオカミだョ。今扉を開けるとオオカミが入ってきちゃうョ。開けちゃだめだョ」と、オオカミを母ヤギだと思っている子ヤギに、現在の危機的状況をどうしても知らせたくなったのです。「読者は知っている、しかし登場人物は知らない」からこそ生ずる独特の心理状態による言葉なのです。

他のさまざまな年齢の子どもたちに同じ絵本を読み聞かせたときのこの場面の記録も、これと同じ内容の発言でした。

たとえば三歳の沙也香ちゃんは、七画面で、「オオカミだよ！　違うよ！」。同じく三歳の有利香ちゃんは、七画面で、「おいしいものなんて持ってこないよ」、八画面では「オオカミ！」と言っています。

四歳のあやかちゃんは、七画面で「またオオカミ」、八画面で「ダメ！」、九画面で「オオカミ！」と言っています。同じ四歳の麗奈ちゃんは、七画面で「ちがうよ！　オオカミだよ！」、八画面で「オオカミ」と言いました。四歳児クラスの十二人の子どもたちは、七画面は無言でしたが、八画面では「ちがう、ちがう、ちがうよ！」と一人が言った後、口々に「違うよ、オオカミだよ！」と言い、最後にはみんなで「オオカミ！」と思いっきり大声で叫びました。別の四歳児クラスの二十人の子どもたちは、七画面では「オオカミだよね」と言っていたのですが、八画面では「オオカミ！」「オオカミだよ！」と何人もが叫び、九画面では一転して息をのんでシーンと見つめています。

五歳児のみきちゃんは、七画面で「違うもん、お母さんじゃないもん」、八画面で「開けちゃダメッ！」、九画面で「オオカミ！　キャーッ」。二人いっしょに読んでもらった年長組のともやくんとあやちゃんは、七画面で「開けちゃうよ！」、八画面で「オオカミだ！　オオカミだよ！」。同じく年長組の弘子ちゃん、功くん、満くんの三人組は、七画面で「またオオカミだよ」「オオカミ！　お腹すいてるの。オオカミだよ！」「嘘をついているの、オオカミ」、八画面で「開けちゃダメ！」「開けちゃダメ！　馬鹿な子ヤギだよ」「お母さんじゃない、お母さんじゃない」、九画面で「大変だ！　大変だ！」「あそこへ行っちゃダメ！」と叫んでいます。亜希子ちゃんと真由美ちゃんの年長児二人は、七画面で「来た、来た」「今度はオオカミ、手、真っ白。笑ってるよ！」、八画面で「あっ、ダメ。オオカミだもん」「オオカミだー！」、九画面で「みんな早く、早く」「食べられちゃう！」と言っています。

小学三年生の諭くんは、七画面で「開けるんじゃない！　ダメ、ダメッ！」、八画面で「あっ、危ない！」、九画面で「ワァーッ、ワァーッ」と叫んでいます。

扉の外にいるのは母ヤギではなくオオカミであること、オオカミがだまそうとしていること、扉を開けてはいけないことを、子どもたちは必死に子ヤギに知らせようとしています。三年生の諭くんの例を見ると、幼児たちが言いたかったのもこんな内容だったのだろうなと思わされます。自分のもっている限られた語彙《い》のなかで、子どもたちはとにかく一生懸命に子ヤギに危機を知らせようとしているのです。子どもたちの発言の後に「！」がついているのは、こうした子どもたちの懸命さ、必死さ、緊迫した状態を表わしています。

ヒッチコックの映画術

「読者は知っている、しかし登場人物は知らない」という対比は、じつはサスペンスドラマの基本テクニックです。サスペンス映画の巨匠ヒッチコックは、「エモーションこそサスペンスの基本的な要素だ」、「観客の精神状態のコントロールがサスペンスづくりの基盤だった」と言い、その意味を次のように説明しています。

「いま、わたしたちがこうやって話しあっているテーブルの下に時限爆弾が仕掛けられていたとしよう。しかし、観客もわたしたちもそのことを知らない。わたしたちはなんでもない会話をかわしている。と、突然、ドカーンと爆弾が爆発する。観客は不意をつかれてびっくりする。これがサプライズ（不意打ち＝びっくり仕掛け）だ。サプライズのまえには、なんのおもしろみもない平凡なシーンが描かれただけだ。では、サスペンスが生まれるシチュエーションとはどんなものか。観客はまずテーブルの下に爆弾がアナーキストかだれかに仕掛けられたことを知っている。爆弾は午後一時に爆発する、そしていまは一時十五分まえであることを観客は知らされている。これだけの設定でまえと同じようにつまらないふたりの会話がたちまち生きてくる。なぜなら、観客が完全にこのシーンに参加してしまうからだ。スクリーンのなかの人物たちに向かって、『そんなばかな話をのんびりしているときじゃないぞ！　テーブルの下には爆弾が仕掛けられているんだぞ！　もうすぐ爆発するぞ！』といってやりたくなるからだ。最初の場合は、爆発とともにわずか十五秒間のサプライズを観客にあたえるだけだが、あとの場合は十五分間のサスペンスを観客にもたらすことになるわけだ。つまり結論としては、どんなときでもできるだけ観客に状況を知らせるべきだ。（中略）観客にはなるべく事実を知らせておくほうが、サスペンスを高めるのだよ。」

（ヒッチコック／トリュフォー著、山田宏一／蓮實重彦訳『定本　映画術（改訂版）』晶文社、一九八一年、六〇ページ）

ヒッチコックの意図していたサスペンスづくりは、「観客は知っているが、登場人物は知らない」という状況をつくることであり、グリム童話『おおかみと七ひきのこやぎ』の展開もまったく同じ状況がつくられているといえます。ヒッチコックは観客のイメージによってストーリーの意味を高める映画を目指して、キャメラの動かし方やカットをつなげるモンタージュに彼独特のものをつくりだしました。ハラハラドキドキが楽しい絵本の場合、ヒッチコックばりに読者のエモーションを考えぬいた構成をしてほしいと思います。

第3節　画面構成とハラハラドキドキの関係

くり返されるオオカミの絵

この福音館書店の絵本の読み聞かせをしていて不思議に思ったのは、オオカミが飛び込む直前の場面は八画面なのですが、多くの場合子どもたちは、そのもうひとつ前の七画面ですでに子ヤギに危険を知らせていることでした。なぜ直前ではないのだろうと、この絵本を見ていて気づきました。

フェリクス・ホフマンの絵は、母ヤギが出かけてから以降は、四・五・六・七画面と、四画面連続してずっとオオカミの行動だけ、つまりオオカミの側の絵だけが描かれているのです。ですから、読者である子どもたちは、子ヤギたちが知ることのできない、オオカミが着々と進めているだましの企てのすべてを、克明に絵で知らされることになっているのです。

しかし文は、オオカミの行動とともに、子ヤギたちの気持ちや言葉も書かれています。文を聞きながら子ヤギの状況を理解し、しかし絵ではオオカミの行動を印象づけられていくように、う

表1　『おおかみと七ひきのこやぎ』（福音館書店）の画面構成

画面	文の内容	絵の登場人物
1	子ヤギを育てている母ヤギ	母ヤギと子ヤギ
2	母ヤギが注意する	母ヤギと子ヤギ
3	母ヤギが出かける	母ヤギと子ヤギ
4	オオカミ、ヤギの家へ。子ヤギ、声で見破る	オオカミ
5	オオカミ、雑貨屋へ。オオカミ、ヤギの家へ。 子ヤギ、黒い足で見破る	オオカミ
6	オオカミ、パン屋と粉屋で足を白くする	オオカミ
7	オオカミ、ヤギの家へ。白い足を窓にかけると…	オオカミ
8	子ヤギが白い足を見て母ヤギと思い込み戸を開けると…	子ヤギ
9	オオカミが飛び込み、末の子ヤギ以外を飲み込む	オオカミと子ヤギ

まく構成されているのです。文と絵との関連をまとめると**表1**のようになります。

オオカミがはじめて子ヤギの家に来たのは四画面です。でもしわがれ声で見破られたオオカミは、白墨を食べて声をきれいにして、また子ヤギの家に来ます。この内容が、五画面の右ページと左ページに描かれています。読者は、オオカミが子ヤギをだまそうと声をきれいにしたことを、絵ではっきりと知らされています。

黒い足だったので子ヤギにオオカミだと見破られたオオカミはそれからどうしたのか、これが六画面です。オオカミはパン屋に行き練り粉をつけ、粉屋を脅して足を白くします。画面中央を歩くオオカミと、そのオオカミを不安そうに見る人々（よく見ると人々と雀たちの視線はオオカミにピタリと合い、猫は逃

四画面

五画面

六画面

七画面

八画面

九画面

げるかのように尻尾を見せて建物の中に入ろうとしています）、粉屋の前にすわり込んだオオカミが描かれています。読者は、文章とともに、絵でも、しっかりとオオカミのたくらみを知らされるのです。

そしていよいよ七画面です。オオカミが子ヤギの家の扉に白くした足をかけています。この得意そうなオオカミの様子を見てください。読者は、この絵を見ながら、《すると　このわるものは、またまた　こやぎたちのいえに　とってかえし、とんとんと　とを　たたいて、よびかけました。「あけておくれ、こどもたち。おかあさんが　かえってきたよ。おいしいものを　もってきたよ」こやぎたちは、さけびました。「それじゃ、あしを　みせてくれ。そうすりゃ　おかあさんか　どうか　わかるから」そこで　おおかみが、まえあしを　まどに　かけますと、》と、この画面の文を聞くのです。この長い文の間、読み聞かせてもらっている子どもは、オオカミが扉の前にいる絵をじっと見続けているのです。読者の自分は、扉の前にいるのはオオカミだとハッキリ見ているのです。でも、扉の向こうにいる子ヤギたちは白い足しか見ないに違いない、そう思って子どもたちはハラハラし、ついにたまりかねて子ヤギたちに「オオカミだよ！」「開けちゃダメ！」と知らせるのでしょう。七画面は、《そこで　おおかみが、まえあしを　まどに　かけますと、》と未完の文で終わるので、次のページでオオカミが入って来ると思い危機感が増すのかもしれません。

しかし八画面では、オオカミはまだ飛び込んできません。子ヤギの家の中から見た扉の絵です。子どもたちが、子ヤギにはこう見えるに違いないと予想したとおりの絵です。子ヤギたちは先を争って扉を開けようとしています。文は、《あしが　しろいのを　みて、こやぎたちは、たしかに　おかあさんだと　おもいこみ、さっと　とを　あけました。ところが、はいってきたのは、》です。読み手が、点や丸で息を継ぐわずかな間に、子どもたちが「オオカミだ！」「開けちゃダメ！」と叫ぶのです。ここも最後は、《ところが、はいってきたのは、》と未完の文です。誰だってオオカミが入ってくるだろうことはわかっています。でも、まだ次のページをめくらなければ、本当かどうかはわからないのです。次のページをめくるまでのこの間、このわずかな間に、「オオカミが入ってくる！　子ヤギたちは食べられちゃう！」と、子どもたちのハラハラドキドキする心の動きはいっそう強まります。

九画面を開けた途端、子どもたちはオオカミが飛び込んでくる絵を見ます。絵を見て、同時に、《おおかみ　でした！》の文を聞くのです。あれだけ子ヤギたちに教えてあげたのに、子ヤギたちは扉を開けてしまったのです。

四画面連続でオオカミの行動を絵で強調し、一転して子ヤギから見た扉の絵、そして開いた画面は、オオカミが飛び込み子ヤギが逃げまどう絵。この一連の画面の構成と展開は、読者である子どもが子ヤギの身を案じてハラハラドキドキするように構成されています。子どもはヒッチコックのサスペンス映画の観客のような心理状態になっているといえます。

他の絵本を見てみると……

同じグリム童話なのだから、どの絵本でも画面構成は同じなのだろうと比べてみて、あらためて驚きました。ヒッチコックのサスペンス術が考慮されていない絵本ばかりなのです。

たとえば、一九七九年発行の講談社の『おおかみと七ひきのこやぎ』です。文はドイツ文学者の植田敏郎氏、絵は童画家の柿本幸造氏のものです。

母ヤギが出かけてからオオカミが飛び込むまでの画面構成は写真のようになっています。はじめてオオカミが来たときの画面は、扉を境にオオカミと子ヤギたちが向き合っている断面図です。次からは子ヤギの側の絵、オオカミの行動の絵、子ヤギの側の絵、オオカミが飛び込む絵となっています。オオカミの行動を印象づけ強調するような構成ではありません。

しかも実際に読んでみてなんとも読みにくいのが、オオカミが飛び込む画面です。前の画面は《子やぎたちは、それを　みて、おおかみの　いった　ことは　みんな　ほんとうだと　おもって、とを　あけました。》と文が終わっています。「オオカミが入ってくる！」という子どもたちの緊迫感にこたえようと一呼吸おいてサッとページをめくると、オオカミが飛び込んできた絵が子どもの目に入ります。が、そこで読まなくてはいけない文は、《ところが、どうでしょう、はいって　きたのは、おおかみでした。》なのです。オオカミが入ってきたことはページをめくった途

『おおかみと七ひきのこやぎ』（講談社）

『おおかみと七ひきのこやぎ』（永岡書店）

端に絵でわかるのです。《ところが、どうでしょう。はいってきたのは、》の文は、文字だけなら必要な言葉ですが、「絵」と「文」と「ページをめくる」の要素で構成される絵本では、その部分はページをめくって絵が見えたときに十分わかります。この文は絵本では不要です。読み手としては、緊迫感が途切れるので、飛ばして読みたくなります。

とはいっても、この絵本は講談社の創業七十周年記念の〈講談社の絵本〉シリーズのなかに収められているものでもあり、ていねいに作られた絵本といえます。

もっとひどいのは、ハラハラドキドキさせない絵本です。たとえば、永岡書店の名作アニメ絵本シリーズの『おおかみと七ひきのこやぎ』（卯月泰子構成・文、高橋信也画、一九九二年）です。母ヤギが出かけてからの画面構成は、オオカミのクローズアップ、扉の前のオオカミ、チョークを食べるオオカミ、黒い足を見ている子ヤギと隅にオオカミ、足を白くしているオオカミ、扉の外で白い足を差し出しているオオカミ、となっています。隅とはいえ常にオオカミが描かれています。問題はオオカミ、家に飛び込むオオカミです。このページを開けるとオオカミが飛び込んでいる絵が目に入ります。が、このページの文は《「わあい、おかあさんだ。おかえりなさあい。」こやぎたちは　大よろこびで　ドアを　あけました。ところが　とびこんで　きたのは　おおかみです。「うおおっ、一ぴきのこらず　たべちゃうぞう。」》なのです。

絵ではオオカミが飛び込んでいるのに、文は扉を開ける前の状態なのです。扉を開ける寸前に子どもたちのハラハラドキドキはピークになるのに、これではハラハラする間がありません。

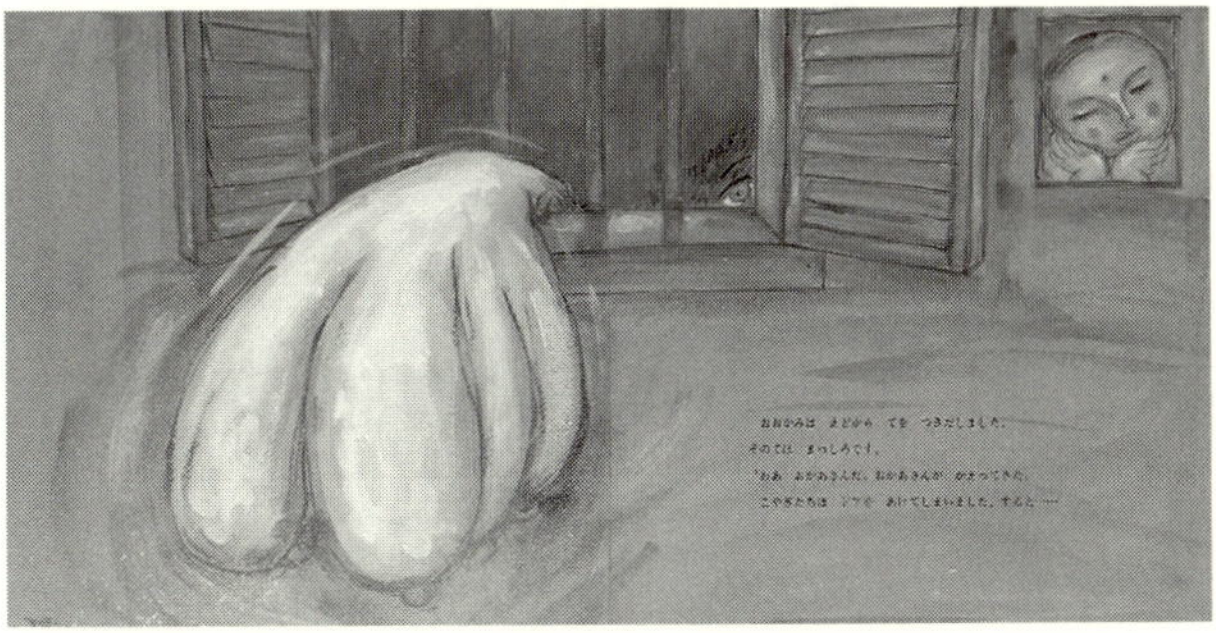
『おおかみと７ひきのこやぎ』（ミキハウス）

文と絵が一致せず、ハラハラドキドキできない絵本は、ポプラ社のアニメファンタジー42（平田昭吾企画・構成・文、井上智画、一九八二年）やポプラ社世界名作ファンタジー1（平田昭吾企画・構成・文、井上智画、一九八五年）でもまったく同じです。アニメ絵本の決定的な問題は、この物語を子どもがおもしろがるのはオオカミがとびこむ寸前のハラハラドキドキにあると考えずに、適当に画面構成をしている絵本づくりの安易さにあるように思います。

ミキハウスの『おおかみと7ひきのこやぎ』（彦一彦絵、武井直紀訳、一九八七年）の画面構成は、母ヤギが出かけた後はじめてオオカミがきたときの画面は扉を境にしてオオカミと子ヤギが向き合う断面図、続いて声をきれいにしているオオカミの絵、扉の外のオオカミの絵、手を白くしているオオカミと扉の前のオオカミのいる絵、窓から差し込まれた手のクローズアップ、飛び込んだオオカミの顔のクローズアップとなっています。絵でオオカミを強調するという点ではよくできています。

『グリムのおはなし』（小学館）

しかし、白い手のクローズアップが問題です。白い手の向こうに、オオカミの黒い頭と目が描かれているのです。ここの文は《おおかみは　まどから　てを　つきだしました。そのてはまっしろです。「わあ　おかあさんだ。おかあさんが　かえってきた」　こやぎたちは　ドアを　あけてしまいました。すると……》です。子ヤギが実際に見たのは白い手だけのはずなのに、黒い頭と目が描かれてしまっています。

小学館の保育絵本『グリムのおはなし』（一九七一年）のなかにある「しちひきのこやぎ」も、同じように、子ヤギが開けようとしている扉の窓に、白い手に加えてオオカミの黒い耳と目が描かれています。この絵本を読み聞かせたとき、「どうしてオオカミだとわかっているのに、戸を開けたの？」と子どもに聞かれました。言われてみればたしかにそのとおりです。必死になって子ヤギの視角と絵を描いた視角がずれているのだと説明しましたが、三歳児にどこまでわかったでしょうか。複雑な説明を必要とするような絵は、ハラハラドキドキの盛りあがりを奪ってしまいます。

子どもは読者として子ヤギに味方してハラハラドキドキするのですから、読者の子どもの知っていることと、子ヤギの知っていることの違いは、くっきりと明確に示す必要があります。読者の情報と子ヤギの情報とを混在させるような絵は、子どもを混乱させ、ハラハラドキドキする心の動きを堪能するのを妨げてしまうのです。

第4節　「残酷な結末」は必要

強くリアルな感情体験

絵本の読み聞かせの記録をみていると、三歳前後の子どもたちはハラハラドキドキする絵本が好きだということがわかります。『おおかみと七ひきのこやぎ』だけでなく、グリム童話『赤ずきんちゃん』、北欧民話『三びきのやぎのがらがらどん』（マーシャ・ブラウン絵、瀬田貞二訳、福音館書店、一九六五年）、イギリスの昔話『三びきのこぶた』、日本昔話の『三まいのおふだ』『ももたろう』『いっすんぼうし』などは定番といえるでしょう。どれも古くから語り継がれた昔話や民話で、こわいオオカミやトロル、山姥、鬼などが登場します。こうしたハラハラドキドキする昔話の結末はなかなか残酷です。

『おおかみと七ひきのこやぎ』の結末は、グリム童話の完訳本（金田鬼一訳『完訳 グリム童話集（一）』岩波文庫、一九七九年）では次のようになっています。

おおかみは、むごたらしくおぼれしんでしまいました。

七ひきの子やぎが、これを見つけて、かけだしてきました。
「おおかみが死んだ、おおかみが死んだ」
子やぎは、われるような声をはりあげて、うれしさのあまり、おかあさんやぎといっしょに、泉のぐるりをおどりました。

瀬田貞二訳の福音館書店『おおかみと七ひきのこやぎ』の結末は、この完訳本と基本的に同じ内容です。しかし、こうした「おぼれ死ぬ」という結末は幼児には残酷すぎるという批判が少なからずあります。そのためでしょう、「おぼれ死んだ」部分や子ヤギと母ヤギとがうれしさのあまり踊ったという部分が改作されている『おおかみと七ひきのこやぎ』の絵本がたくさんあります。子どもは「残酷な結末」をどう思っているのでしょうか。

三歳児クラスの子どもにこの絵本の読み聞かせをしたとき、あとで子どもがこの話に関係したことを言い出したときのようすを親に記録してもらいました。そこには、オオカミに対する子どもの印象が記されていました。

早苗ちゃんは、ふと思い出しては、「オオカミって悪いんだよ。こわかった」、「オオカミって泥棒だよ。だって子ヤギを取って食べちゃったもの」と言っています。

陽子ちゃんは、ホフマンの描くオオカミにそっくりな犬を見かけて、「アッ、ママ、オオカミがいたよ。あのオオカミが子どもたち食べちゃったんだよ」と興奮して話しました。

真由美ちゃんはお風呂に入るとき湯舟をのぞきこんでいて「落ちるわよ」と注意されたとき、

真由美「オオカミが飲むお水に落ちたのよ。ぽんぽにたくさん石が入ってネ」

母「どうして?」

真由美「悪いことしたから死んだの」

母「かわいそうねぇ」

真由美「だって、子ヤギ食べたんだよォ」

と言ったそうです。

彼らの印象では、「オオカミは子ヤギを食べた悪者」のようです。そして真由美ちゃんはオオカミが水に落ちて死んだのは、子ヤギを食べた当然の報いだと考えているようです。

読者である子どもたちは、強いリアルな感情の体験をしているのです。この強いリアルな感情の体験に対応するような決着が必要になるはずです。

子どもたちは子ヤギに味方して「オオカミ!」と叫ぶほどハラハラドキドキをリアルに体験していました。このハラハラドキドキがリアルであり、子どもがそれをしっかりと心に刻みこんでいるのなら、結末もそのハラハラドキドキに見合うものでなければならないのです。あれほど子ヤギたちの身を心配した子どもたちにしてみれば、オオカミは二度と来てもらっては困る悪者なのです。子どもたちは、オオカミが二度と悪事を働けないようにならなければ、安心できないのです。オオカミがおぼれ死んで、はじめて子どもたちは安心でき、十六画面の子ヤギたちの安らかな眠りをホッとして見守れるのでしょう。子どもたちには、徹底的に退治してしまう解決がどうしても必要なのです。ストーリー展開のなかで味方したり憎んだりした子どもたちの感情が求める解決は、徹底的なものなのです。結末の部分だけを取り出して「残酷な結末」と判定するのは、ストーリー展開のなかで生じた子どもの心の動きを無視することになるはずです。

意味深長なホフマンの絵

保育者としてたくさんの子どもたちに絵本を読んできた中村柾子さんは、二歳児クラスの子どもたちにこの絵本を読んだとき、次のようなことを考えた子がいたと書かれています。

小さくて大きな発見は、このやぎの家の居間に飾られている一枚の写真でした。おおかみがやぎたちをだましてはいってきた部屋のたなに置かれているほんの小さな写真立てに目をとめた二歳の子が、「これだーれ」と聞いたのです。「これはね、きっとやぎの父さんよ」と答えると「やぎの父さんどうしたの」と責めてくるので、「うーん、父さんと別れちゃったのかな。そしたら写真は飾らないわね。うーん、父さん死んじゃったの」と苦しまぎれに返事をすると、聞いた本人は「やぎの父さん、おおかみに食べられちゃったの」と言うではありませんか。まさにそのとおりかもしれません。やぎたちはそうしたきびしい動物社会の中で暮しているのです。

（中村柾子『子どもの成長と絵本』大和書房、一九八三年、一六～一七ページ）

その写真立ては、オオカミが飛び込んだ九画面の、子ヤギが隠れようと飛び乗っている戸棚にたしかにあります。あごひげの生えたヤギの絵が描いてあります。

これを読んで、なるほど、オオカミが父ヤギを食べてしまったからこそ、母ヤギは子ヤギたちに《くれぐれも　きをつけておくれ。あいつが　うちへ　はいりこんだがさいご、おまえたちはまるごと　たべられちまうからね。》と注意したのか、だからこそ家に戻って惨状を見たときの母ヤギはひっくり返るほど驚いているんだと思いました。父ヤギを食べてしまい、さらに子ヤギたちをも食べようとしたほどの悪いオオカミには、「残酷な結末」以外あってはいけないのです。

保育園の二歳児クラスで十月末頃からこの絵本をくり返し読んでいた渡辺清子さんも、子どもたちが同じような発見をしていることを記録しています。

ある日のこと、五人が集まって絵本をひろげて議論（?）している。
祐紀「子ヤギのお父さんは、どこに行ったンダロー」
忍「お父さん　いつも遅いんだよ」
デルフィーヌ「お父さんはロンドンに行ってンジャナイの」（彼女の父は海外勤務でロンドンにいる。遠くに、ということらしい。）

祐紀「ア、出張ダ」
絵里「お父さんはこれじゃないの？」
ヤギの家の居間に飾られている写真を見つける。みんなハッとして、
智之「狼に食べられたのカナ」
（渡辺清子「コノ本　ダイシュキ!!」東京保育問題研究会会報、一九九三年六月号）

どうやら、子どもたちは、なぜこのお話にお父さんが出てこないのかと思い、写真立ての写真がお父さんらしいことに気づき、おそらく仏壇の写真と結びつけて「食べられて死んだ」と考えるようです。

フェリクス・ホフマンの『おおかみと七ひきのこやぎ』は、読み聞かせ中に子どもたちが絵から多くのことを発見する絵本のひとつです。おとなに読んでもらう読み聞かせは、目で字を読む必要がないので、絵をじっくりと見ることができ、絵本の特徴をもっとも発揮できる方法です。何度もくり返し読むと、子どもたちはホフマンの絵の細部にまで注目して、文章に書かれていない登場人物の感情に迫る発見をします。子どもたちが発見したことは、絵本といえども文字からの情報に頼りがちなおとなに、あらためて絵本のおもしろさを教えてくれます。

ちなみに、母ヤギが「ひっくり返るほど驚いている」ことに私が気づいたのは、知ちゃんの一言からでした。彼は、十画面の母ヤギの背負っている籠の草を指さして、「これ落っこちゃうよ」

福音館書店絵本の母ヤギ

講談社絵本の母ヤギ

と言ったのです。そこであらためて子どもたちと絵を見て、のけぞらんばかりの母ヤギの姿が描かれていることに気づき、母ヤギの驚愕の深さを知らされました。

ついでに他の絵本では、母ヤギはどんな風に驚いているのだろうと比べて見てまたまた驚きました。ホフマンの絵のような深い母ヤギの驚愕を描いていない絵本もあるのです。

先の講談社の絵本では、出かける母ヤギは、オオカミが入ってきたら丸呑みにされること、よく化けるけれどしゃがれ声と黒い足を見ればわかることをきちんと注意しています。にもかかわらず、家に戻って惨状を見たときの母ヤギは、「あらっ、みんなどうしたの？ 大騒ぎしたんでしょう」という程度の、軽い驚きしか感じられない姿で描かれています。「食べられた！」と思った驚愕と、「あらっ、どうしたの？」という軽い驚きとの違いは、ひとつには母ヤギの姿勢にあります。つまり、のけぞっているのか、それとも前かがみになっているのかで、まるで違う印象を与えるのです。もうひとつは、母ヤギが手に持っているものを落としているかどうかです。強い驚きの場合は、脱力状態になり持っているものを取り落とします。講談社の母ヤギは、前かがみなうえ、手にしっかりと籠を持ったままなのです。軽い驚きです。

そこでまた、ホフマンの絵本の傘の秘密にも気がつきました。母ヤギが出かける三画面で、子どもは「なぜ、母さん傘持っていくの？」とよく問うのですが、これまでは「なんだろうねぇ、日傘かなぁ」としかこたえられなかったのです。しかし他の絵本と見比べてみて、この傘は、手に持っていた傘をパタリと落とすほどの母ヤギの強い驚愕を表現するために、どうしても必要な小道具だったのだと思います。

子どもたちはオオカミが飛び込むところで「オオカミ！」と叫ぶほどにハラハラドキドキし、さらに、父ヤギをも食べたと考え、母ヤギをこんなにびっくりさせたと知っているのです。どうしてもオオカミをきれいさっぱり退治する必要があります。オオカミのお腹に石を詰め、石の重みでオオカミが井戸に落ち、おぼれ死に、それを見てヤギたちが「オオカミ死んだ」と喜んで踊るという結末は、子どもたちの気持ちにピッタリと合っていると思います。

第3章

コワイコワイが おもしろい

第1節　こわくても、もう大きいから大丈夫

はじめはこわくなかったアヤちゃん

子どもはオオカミやオバケ、怪獣がでてくる「こわい」話や絵本が好きです。といっても、同じように「こわい」と言う場合でも、その意味するところはかなり違います。すぐそこにオオカミがいるような抜き差しならない危機迫る「こわい」もあれば、登場人物のこわさが痛いほどわかって「こわい」ときもありますし、「こわいね」「そうだね」と言い合い顔を見合わせて「こわがりっこ」をするような「こわい」だってあります。本当はかなりこわいのに意気がって「こわくない」と言うこともあるし、「こわい」けれども聞かずにはいられないというこわさもあります。

絵本を読んでもらっていて「こわい」と言い出すとき、子どもは何がこわいのでしょう。

心理学研究者の佐々木宏子さんは、娘のアヤちゃんがどのように絵本を読んだのかを『絵本と想像性』にまとめられています。そこに、絵本『ねないこ　だれだ』（せなけいこ作・絵、福音館書店、一九六九年）を愛読していたアヤちゃんの、「こわい」についての興味深い記録があります。

おばけの　せかいへ　とんでいけ
ねないこ だれだ
せな けいこ　さく え

「ソレデ，オトーサン，オカーサンドーシタノ？」

アヤは、この『ねないこ　だれだ』を一歳三か月の頃からチョクチョク見はじめました。やはり「オバケー」にとても興味をもち、一歳十か月の時には、ほとんど全文をおぼえてしまいました。二歳すぎ頃、夜になると「モウオバケノジカン？」などときいたり、時計の「九」の字をさして「オバケノジカン」などといったりして、それほど怖くないようでした。

ところが、二歳十か月になったある日、十ページのルルちゃんがおばけにつれられていくところを見て、「ソレデ、オトーサン、オカーサンドーシタノ？」とききます。私はこの本の主旨にそうよう「ルルちゃんがわるいんだからいっしょにいきなさいって」と答えました。同じやりとりが、くり返し三度くらい続いたでしょうか。突然ものすごい声でアヤは泣きだしました。今まで、文章にメロディーをつけてうたうことに気をとられていたりして、おばけの怖さに気づかなかったのでしょうか。それとも、ルルちゃんと自分が、突然想像の世界でピタリと重なってしまって、何ともいえず怖くなったのでしょうか、泣いているアヤを横目に、私は「おばけなんかいないのよ、ほんとうは」とはどうしてもいえませんでした。
（佐々木宏子『絵本と想像性』高文堂出版社、一九七五年、八四〜八五ページ）

「オバケー」に興味を持ち、「それほど怖くない」ように見えたアヤちゃんが、突然泣き出さずにはいられないほどこわくなったのは、アヤちゃんに何が起きたからなのでしょうか。

残念ながら私の場合、この絵本に限らず他の絵本でも、それまで大好きだった絵本をある日突然こわがりだすというこんな劇的な場面に出会えませんでした。というより、あったのですがそのときは気がつかなかったのです。中村柾子さんも『子どもの成長と絵本』で、「こわいこわいと言っていたものが、どうやってその子の内側を通り過ぎていくのか見届けたいと思うのに、こわいはずのトロルは、いつの間にやらたいして強くないトロルに変貌しているのです」（二七ページ）と書かれています。めったに出会えない、親冥利、保育者冥利につきる瞬間です。それだけに、泣く前と後でこわさが違っているとわかるアヤちゃんのエピソードは、子どもの「こわさ」の意味の発達的変化を考えるうえで重要な手がかりになります。

「なんだかこわい」雰囲気

アヤちゃんが泣き出す前の「こわさ」の正体は何でしょうか。

泣き出す前、アヤちゃんはオバケという登場人物に関心があり、オバケが登場することに興味があり、そこがおもしろかったのでしょう。といっても、オバケは親しくて無条件に楽しい存在というわけではなく、ある種のこわさと結びついていたはずです。佐々木さんだって、「それほど怖くないようでした」と見ています。それに、この「それほど怖くない」こわがり方そのものにはよく出会うからです。

たとえば絵本『かいじゅうたちのいるところ』（モーリス・センダック作、神宮輝夫訳、冨山房、一九七五年）を、保育園の一歳児クラス十人の子どもたちに読んだときの彼らのこわがり方も、「それほど怖くない」ものでした。一月に読んだので、子どもたちの年齢は一歳十一ヶ月から二歳十ヶ月で、泣く前のアヤちゃんとほぼ同年齢です。こんな具合でした。

怪獣の眠っている絵の描かれた表紙を見せて《かいじゅうたちのいるところ》と読むと、なおき「怪獣だよ、こわいねえ」、のあ「こわくないよ」、ひろあき「こわいよ」、なおき「うーん、こわくてやーねえ」と言い合っています。ほかの子どもたちも首をすくめたり、隣の子どもにすり寄ったりと、こわそうにしています。

ところが続く中扉で、マックスが二匹の怪獣を脅かしている絵を見るや、のあ「これ、怪獣」、それを聞いてひろあきとまおりはうれしそうに笑ってしまうのです。オヤオヤこわいと言ったのに笑っている、ちょっと挑発してみようと「こわい？」と聞くと、

「こわくてやーねえ」

なおき「うんそうだよ、こわいね」と言います。でもこの「こわい」は、「こわいからもう絶対読まないで」という切迫したものではありません。「こわい、こわい」と言ってこわがることがおもしろい、いわば「こわいのが楽しい」とでもいうような感じです。

「こわい」「こわくない」と言いつつも読み進めて、怪獣のいる島にやってきたマックスがズラッと並ぶ怪獣たちと遊んでいる場面になったころには、「落ちるよ」「お母さん、落ちるよ」「お父さん、落ちるよ」「ブーラン、ブーラン」などと言い合って、こわいなんて言ったのは誰だっけという具合です。なおきにいたっては、「カラスがいる、カラス。フクロウ。怪獣みんなかわいいね。怪獣みんなこわいね。アンヨあるよ。みんな怪獣だね、こわいね」と、こわいのかこわくないのか、なんとも珍妙な、しかし大いに気になることをしゃべりまくります。

さて、マックスがズラッと並ぶ怪獣に手を振って別れる場面になると、さあ大変。ちづるが「ちいちゃん、これ」と怪獣のひとつを指さすと、のあは「この人、のあちゃん」と叫んで立ち上がり、後はもう、「けいちゃん、これ」「これ、やっちん」「なおき、これ。もっとすごいよ」「ぼく、これ」「のあちゃん、これ好き」「けいやん、これ好き」と、絵本の前にきて押し合いへしあい。それぞれお好みの怪獣を指さしながら自分の名前を連呼します。

こんな調子で読み終わって、またまた意地悪く「こわい怪獣だった?」と聞きますと、「こわかった」の声はしたものの、すかさず「こわくない」「こわくない」の大合唱。そしてそんなことより大事なのはこれだとばかりに、「ぼくだよ、ぼく」と怪獣の絵を指さしに絵本めがけて殺到するのです。しかもすかさず「もっかい！」の声。

そして再び読み終わるやいなや、「これ、やっちん、こわいかった」「のあちゃん、こわかった」と言いながら絵本に突進し、絵本を取り合い、自分の名前を叫び、怪獣を指さし、押したの押されたので泣き声をあげ、それでもしっかりと「もっかい読んで」と言うのです。

彼らのこのこわがり方は、泣く前のアヤちゃんのこわがり方と共通するものがあります。二歳前後の子どもたちのこうした「それほど怖くない」ようなこわさはいったい何なのでしょう。

まず確認しておかなければならないのは、子どもたちは実際に「こわさ」を感じているということです。

『かいじゅうたちのいるところ』の冒頭部分の怪獣の絵を見て「こわい」と言っているときも、子どもたちは実際にこわいのです。首をすくめ、友達にすり寄りながら読み手の私を見る子どもたちの表情には、もっと年上の子どもたちがよくするような、「ちっともこわくないよ。でも、こわいって言うと、スリルが増すんだよね」といった余裕は感じられません。ふざけてこわいと言っているようでもありません。こわさは実感している、しかしそれが「こわいよーっ」と叫んでしまうような、抜き差しならない恐怖といったものではないのです。センダックの描くなにか不思議な感じのする怪獣の姿や色調、怪獣という言葉によってかもしだされる感じ、その場の雰囲気によるこわさだと考えられます。それが以前にテレビの怪獣番組を見たときに自分が体験したこわい感じ、あるいは自分がきらいな夜の物悲しさや暗闇ともボンヤリ重なりながら、子ども自身には無気味さとかそれに伴う不安といった、漠然とした感じとして迫ってくるのだろうと思われます。

中村柾子さんは、先の本で、「こわいね、やあこわい」と言いながら『三びきのやぎのがらがらどん』に夢中になっていた子どものこわさを、次のように指摘されています。「それはふいの物音に体をビクッとふるわせこわばった顔で事態を察知するというような一時的に立ち去るこわさとも、降りられないほど高い所に登って『こわいよー』と泣いて手を差し出すのともちょっと違う、実際にはいないものの存在が自分たちをおびやかす、しのびよる影といったたぐいのものなのです」（二四～二五ページ）と。

「しのびよる影」に対してのこわさ、まさにそれです。「あれがこわい」のではなく、「なんだかこわい雰囲気」といった感じなのです。穏やかならぬ正常でない雰囲気を察知しているのです。しかしその「なんだかこわい雰囲気」は、今、現実に子ども自身がリアルに実感している感情です。おとなたちは子どものこんなようすを敏感に感じるからこそ、この種の絵本を読むとき、子どもが「適当に」こわがるように、子どもの様子を見い見い、読み手は声を潜めたり荒げたりと緩急をつけたりして、彼らがこわいと感じる雰囲気づくりに奮闘してしまうのではないでしょうか。

「こわい」を共有する楽しさ

こうしたおとなの雰囲気づくりのもとで、子どもたち同士、それに読み手のおとなも加わって「こわい思いを感じあう楽しさ」、これも「それほど怖くない」の理由ではないかと私は考えています。

先の一歳児クラスの子どもたちの例でも、子ども同士で「こわい」と言い合っていますし、そこに読み手が「こわい？」などと挑発的に加わり、あげく子どもも読み手もみんなで眉をひそめ首をすくませ、「なんだかこわい」という感じを認め合い、共有し、そこを楽しんでいます。「こわがりっこ」の楽しさとでもいえるのです。絵本を読んでいるとき、こわそうにしている子どもの目がじっと読み手の私の顔に向けられ、「こわいねえ」と同意を求めているように感じることがよくあります。思わず目や表情を最大限使って「ウン、こわいよね」とメッセージを送ってしまいます。絵本がつくりだすこわい雰囲気が媒介になって、読み手と子どもたち同士、親と我が子が心を通い合わせ、そこをも楽しんでいるといえます。この楽しみと、雰囲気として感じているこわさとの「絶妙のバランス」がおもしろいのでしょう。

先の「適当に」こわがらせるということは、まさにこの「絶妙のバランス」にかかわることです。だからこの「適当に」のあんばいがむずかしいのです。度をこして演技過剰になると、子どもは泣き出したり、「こわくするな」と言わんばかりに猛然と読み手に襲いかかってきます。泣かれるのは困りますが、襲われるおとなと襲う子どもとでちょっとしたふざけっこが展開することもあります。『ねないこ　だれだ』を娘に読んだとき、大いに意地悪で、大のふざけがり屋の私は、わざとちょいと演技過剰に読んでは、娘に襲われるのを楽しんだものです。「ダメ、ダメッ」と叫びながら私の口を閉じさせようと手を伸ばし体当たりしてくる娘に、「しないしない、ごめんごめん」と謝って再び膝に抱えこむときなど、子どもの「こわい」の一端を知ったような気がしたものです。もちろん、一度に大勢の子どもを相手に読むときは、子どもによって感じ方はさまざまですから、「ちょいと演技過剰」はかなり子どもたちのことがわかっていないとやれません。それだけに、「絶妙のバランス」が成功したとき、おとなは子どもの心の動きがわかった満足感でいっぱいですし、子どもたちも互いの顔を見ながら同じ思いの仲間になんともいえない親しみを感じるのだと思います。

こうした「絶妙のバランス」の結果、読み終えてみると、「こわい気もしたけれど、ナンダ、ちっともこわくなかった」と子どもたちは感じるのではないかと思います。こわいながらも、仲間やおとなと「こわいねえ」と楽しみ、自分の名前を連呼して絵本に駆け寄ったり、「オバケー」と脅かしっこをしたりするうちに、ハッと気づくとちっともこわくない自分を発見するのです。このときの成長感や充実感はいかばかりかと思わされます。この成長感や充実感はやがて「強さの証明」「もう大きい子の証明」として、子ども自身に意識されていくはずです。「一人前になりたい」と強く願っているこの時期の子どもたちには、この喜びを味わうためにも「こわい」ことが必要なのかもしれません。

みんなが「こわい」と言うと、ひとりくらい「こわくない」と見栄を張る子どもがでてきます。先の例の、のあちゃんもそのひとりです。でもそうは言ってても、読み終わったときに「こわかった」とポロリと言っています。なおきくんはその逆に、「こわい」と言いつつ、大いに楽しんでいます。気軽に「こわい」と言い、気軽に「こわくない」と前言を翻せる気楽な雰囲気のなかで、「こわい」と「こわくない」が同時に存在し、揺れ動き、いつでも入れ替わってしまう微妙で複雑な自分の心の動きをたっぷり味わってほしいと思います。ひょっとすると、大きい自分を強調してみたいこの年ごろの子どもたちは、「こわい」絵本を読んでもらうときに、ありのままの自分の感情をあらわすことができるのかもしれません。

「他人事」だから、こわくない

私は、登場人物と現実の自分との関係を子どもがどのようにつくっていくのかということに興味があります。その点から見ると、この年齢の子どもたちの「それほど怖くない」こわさには、「登場人物と現実の自分とは別の人」といったニュアンスを強く感じます。アヤちゃんは「オバケ」には興味をもっていますが、オバケとアヤちゃんとの間には似たところはありません。この絵本のオバケは、独特の姿形、人に恐れられるこわい存在、他人に命令を下して支配する力があるものとして描かれています。一方、アヤちゃんは、二歳の人間の女の子です。登場人物のルルちゃんとは、年齢も女の子という点でも自分とよく似ています。ところが、アヤちゃんは、よく似ている登場人物ルルちゃんと自分とを重ねているとは思えないのです。

私自身が娘にこの絵本を読んだときも、「ルルちゃんはメッねえ」としきりに言っていた時期がありました。「子どもの時間は終わり。寝るのよ」とおとなに言われ、「もっと起きていたい」と思っても、いつの間にか眠ってしまう現実の自分。こんな自分は「遅くまで起きている悪い子」であるはずはありません。ルルちゃんのように遅くまで起きている子は悪い子、私は早く寝る良い子、だからオバケなんかと出会わないと安心しているのでしょう。

先の『かいじゅうたちのいるところ』を読んだ子どもたちも、「これ、ノアちゃん」などと自分の名前を言いながら指さすのは怪獣ばかりです。年齢も、いたずらしてお母さんにしかられることも、現実の自分とよく似ているはずのマックス少年には、「これ、ぼく」とは言いません。もちろん、彼らが登場人物を指さして「これ、ぼく」と言うのは、これは自分なのだと言いたいのか、自分のものだと言いたいのか、自分が気に入っているのはこれだと言いたいのかそこははっきりしません。が、こうした行為からわかるのは、この年齢の子どもたちは、登場人物と現実の自分との、姿形や心理的な共通性は、あまり問題にしていないということです。絵本のなかの出来事は、現実の自分の生活とは別の世界のこととして、切り離されているのだと思います。

二歳すぎの子どもたちは、「ぼくが自分で」と主張し、もう赤ちゃんではない自分をおとなたちに示そうとします。一人前であることを証明しようとあくなき探求心も加わっていろいろ手を出し試みます。しかしそのことごとくが思いどおりの輝かしい結果とはならず、むしろ失敗の多い日々です。「一人前」を目指していたのに思いどおりの結果にならず「これは困った……」と呆然としたとき、「余計なことしないの！」とか、「やっぱりお母さんがやったほうがよかったでしょ」といった叱言がくることが多いはずです。それでも彼らは自分の非力さに甘んじていじけたりせず、あくまで「一人前」になろうと挑戦し続けます。この心意気こそ彼らの発達の原動力ではないかと思ってしまいます。

さて、こんな子どもたちにとって、ほめられることはまさに一人前の証明です。「良い子」は一人前、「悪い子」は半人前の赤ちゃんなのです。ところが絵本のルルちゃんは、「こんな時間、夜の九時すぎに起きている子」、つまり、「悪い子」です。毎晩早くに寝たがらず「ルルちゃんと同じ」だというのが客観的事実だとしても、「遅くまで起きているなんて悪い子。『悪い子のルルちゃん』と自分とが同じなんてとんでもない！　そんな赤ちゃんじゃありません！」というのが彼らの気持ちでしょう。

というわけで、一人前志向の誇り高き彼らにとって、「悪い子のルルちゃん」は自分とは無関係な存在です。まったくの他人事なのです。「それほど怖くない」時期の子どもたちにとっては、物語が醸し出す雰囲気を自分がどう感じるかが興味の中心であり、登場人物の身に起こる出来事は、自分とは関係のない別次元のことで、まったく問題にならなかったのでしょう。

第2節　わたしはルルちゃんのようになりたくない

二歳十か月になったある日、アヤちゃんは、登場人物のルルちゃんがおばけにつれられていく場面で、「ソレデ、オトーサン、オカーサンドーシタノ?」と聞き、突然ものすごい声で泣き出しました。この「泣かざるをえないこわさ」とはどんなこわさなのでしょうか。

「感情のリアリティー」に気づいた瞬間

アヤちゃんが「ソレデ、オトーサン、オカーサンドーシタノ?」と聞いた十ページは、「おばけの　せかいへ　とんでいけ」の文章とともに、おばけに手を取られてビックリ顔をしたおばけ姿のルルちゃんが描かれているところです。アヤちゃんの問いは、「ルルちゃんはおばけに連れて行かれたけれど、ところでルルちゃんの両親はどこにいるのか」という意味でしょう。佐々木さんはこれまでの話をくり返しているだけですから、アヤちゃんはこの問いをしながら、「おばけに連れて行かれたルルちゃんは、お父さんやお母さんと別れ、絵のようにたった一人で行ったのだ」ということに気がついたのでしょう。とても興味深いことは、アヤちゃんは「たった一人で遠くに行く」意味に気がついた途端、泣き出したということです。「たった一人で遠くに行く」というルルちゃんのこの状況で、ルルちゃんがどんな気持ちでいるのか、そこがピンとわかったということでしょう。だから、「そんなの、いやだー」と、泣かざるをえなかったのでしょう。

重要なのは、登場人物が感じているだろう感情を、読者である現実の自分がありありと実感したということです。登場人物が現実の自分と同一の感情をもちうる存在として、自分にとって意味をもちはじめているのです。以前とは違って、絵本の登場人物でしかなかったルルちゃんが、現実の自分と「無関係」ではなくなってしまったのです。

登場人物の感情を現実の自分の感情としてありありと実感したといっても、はたして登場人物がそう感じているかどうかは、別の問題です。『ねないこ　だれだ』の十ページに描かれているルルちゃんの表情は、ビックリしていることは確かですが、決して泣いてはいないし、恐怖でひきつった顔をしているわけでもありません。文章もルルちゃんがどう感じたかにはまったく触れていません。あくまで読者のアヤちゃん自身が自分でつくりだした「実感」です。

もし自分が「たった一人で遠くに行く」としたら体験するだろう感情を、登場人物がここで体験しているかもしれないとわかったのです。それは、登場人物は絵本のなかの想像上の存在だけれども、登場人物が絵本で体験している感情は、現実の自分が日常生活で感じる感情となんら変わりない感情だとわかったということです。想像上の登場人物の「感情のリアリティー」をわかったということです。登場人物にも感情があると気づいたともいえます。この意味で、突然泣き出したアヤちゃんは、登場人物と読者の新たな関係に入ったと考えられます。

けれどもアヤちゃんは、ルルちゃんがおばけの世界に連れて行かれたのは絵本のなかの出来事であり、現実にはおばけもいないし、ましてやこんなことはありえないという、想像上の出来事と現実の出来事とを確実に区別できているわけではありません。この世に生を受けて三年にも満たないアヤちゃんの経験と知識では、「こんなこともあるのかもしれない」のです。だからこそ、「私はいやだ」と感じ泣いたのです。

アヤちゃんのように、登場人物の不幸をきらう子どもたち

旧ソ連の作家チュコフスキーの著した『二歳から五歳まで』は、子どもの生きいきとした会話や行動のていねいな記録をもとに、そのときの子どもの心理を鋭く分析している興味深い本ですが、ここに泣き出したアヤちゃんと同じような例が載っています。

私（エレーナ）は二歳のころから『おだんごぱん』のお話が大好きでした。でも、だまって聞いているのは、〈おだんごぱん〉が危険なけものの手から運よくのがれるところまでで、お話が〈おだんごぱん〉をぱくんとたべてしまうキツネのところまできますと、「もういい！　もういい！」と泣きわめきました。おとなしくする法はただ一つ、利口な主人公をつぎつぎに、ラ

イオン、ゾウ、ラクダなどに出あわせ、この出あいがかならず〈おだんごぱん〉の勝利におわることにして、お話をつづけることでした。

アリクはとても本が好きでございます。とくに好きなのは、プラチノのお話です。私が仕事からかえってまいりますと、かならず「『金のかぎ』を読んで」とせがみます。ある日のこと私は、本の一ページがぶきようにむしりとられているのに気がつきました。「だれがこんなことしたの？」「ぼくだよ」「どうして？」「あの女の子があいつにいじめられないように」マルヴィナがだれにいじめられることになっていたのか、今おぼえていませんが、むしりとられていたのは、たしかにマルヴィナのいじめられる場面のでてくるページでした。

（チュコフスキー著、樹下節訳『二歳から五歳まで』理論社、一九七〇年、一六七・一六九ページ）

登場人物が苦境にあって困っている感情をリアルに感じるので、読者の自分がいやなのです。だから、改作を求めたり、ないことにしようと破ってしまったのでしょう。これも登場人物の「感情のリアリティー」を現実の自分がありありと実感し、「ぼくはそんなのいやだ」とばかりにしたことです。エレーナにあわせて改作したおばあさんや、アリクが破ったページの意味を理解しようとしたお母さん、子どもがお話をこわがったとき、こんなあたたかい受けとめ方をしてもらえたら子どもはおとなに絵本を読んでもらうのが大好きになるに違いありません。

第3節　本当みたいだからコワイ

薫子ちゃんの場合

登場人物の「感情のリアリティー」に気づき「私がこわい」「私がいやだ」と感じた気持ちを、子どもたちはどのように超えていくのでしょうか。

第2章第3節で紹介した『おおかみと七ひきのこやぎ』を読んだ三歳児クラスの子どもたちのなかで、たったひとり「こわーい」と言ったのが薫子ちゃんでした。登場人物の「感情のリアリティー」がわかっている状態と思われます。

薫子ちゃんは、二画面の母ヤギが子ヤギにオオカミのことを注意しているところで「こわーい」と言い出しました。他の子どもたちは薫子ちゃんがそう言っても気にもとめないのでそのまま次の画面を開けようとすると、再び「薫子ちゃん、こわーい」と言うのです。かなりこわそうな様子なので泣き出すかなと気になったのですが、他の子どもたちは引き込まれるように聞いているのでそのまま読み進めると、こわそうにはしていますが黙って聞いていました。八画面の手を白くしたオオカミがやってくるところでは、他の子どもといっしょに手で顔を覆ってしまいますが、ちゃんとその指の間から絵本を見つめています。

オオカミが飛び込んできた九画面の半ばで子どもたちがいっせいにしゃべりはじめたとき、「そいでね、お腹がいっぱいになって、猟師がくるの」「家に持っているよ」と元気に言ったのはこの薫子ちゃんです。このあたりから薫子ちゃんのこわそうな様子が消えてしまいました。

十画面で、「針持っていってね、お腹切るの」とタンちゃんが言うと、薫子ちゃんは「ハサミ」と冷静に訂正するのです。真由美ちゃんが「そいで、お母さん食べるの」と言えば、「違うよ」とまたもや訂正します。かなりこわそうだった薫子ちゃんが、ここでは友達の話を聞いてちゃんと訂正する余裕があるのです。最後に「おしまい」と絵本を閉じたとき、「どうもありがとう」と真っ先に言ったのも、この薫子ちゃんです。

その後何度もこの絵本を読み聞かせましたが、薫子ちゃんはまったくこわそうな様子をみせません。大きな声で物語の展開を予告したり、大きなお腹をしたオオカミを真似て友達が寝転がるといっしょに寝転がって笑っていました。井戸のまわりでグルグル踊っているヤギたちのところで「目が回るかなあ」とつぶやき、「それじゃあ、やってみようか」とみんなで手をつないで「おおかみ死んだ！」とさけびながらグルグル回って、その後の「オオカミごっこ」のきっかけをつくったのも薫子ちゃんです。そしてこの連日続く「オオカミごっこ」で、真っ先にオオカミ役をやり、手をこすって粉をつける真似や石の重みでヨタヨタ歩くのをリアルにやったのも薫子ちゃんでした。

お母さんの話では、薫子ちゃんは、これまでオオカミの出てくる話は、食べられる相手がかわいそうなのとこわいのとできらいだったそうです。『赤ずきんちゃん』の絵本でも、オオカミが先回りして行くところになると、「やめて」と本を閉じてしまったというのです。「結婚式などで静かにしていてほしいとき、『良い子にしていないとオオカミが来るからね。ほら、足音がしている』などと言ったからかしら」とおっしゃっていました。

一対一で読んでいたら、薫子ちゃんはいつものように「もういい」と言ったかもしれません。でも、友達がこわそうにしながらも絵本を聞き続けている雰囲気のなかでは言い出せず、なかば強制的に聞かされるうちに、現実の自分の「こわさ」の実感を超えたハラハラドキドキのおもしろさに気がついたのかもしれません。二度目に読んだ後、この絵本の話をお母さんにしていて、「女の子の子ヤギさんだけ食べられなかったの。薫子ちゃん、もうオオカミが出てきても平気よ。我慢してたら平気になっちゃった」と言ったそうです。あの読み聞かせのとき、私は別に「我慢させた」わけではありません。でも、薫子ちゃんにとってはまさに「我慢してた」のでしょう。「こわい」を超えて、ハラハラドキドキするおもしろさを知ったことは自分自身でもうれしかったのだろうなと思わされました。

薫子ちゃんはこの絵本を唐突に話題にして何度もお母さんを面食らわせているのですが、家の前の道路でチョークで絵を描いていたときの話は興味深いものです。突然「このチョークを食べるとお母さんヤギの声が出るのよ」と言い出したそうです。「じゃあ、薫子ちゃんも食べてごらんなさい」とお母さんがからかうと、「人間は子どもでもおとなでも食べたら死んでしまうよ。オオカミはヤギさんを食べるんだから、こんなにこんなに大きいから死なないよ。オオカミはママより大きいんだから」とこたえたというのです。

薫子ちゃんは、絵本のオオカミはチョークを食べて声をきれいにしたけれども、自分はチョークを食べられないとわかっています。けれどもその根拠にしているのは「大きさの違い」であって、絵本の話と現実の生活とを同一論理で説明しているといえます。その意味で、想像上の絵本の出来事と現実の出来事とを、明確に区別しているとはいえません。けれども、「想像の世界で可能なことも、現実の世界ではありえない」ことに気づきはじめ、この二つの世界の区別をなんとか彼女なりに理由づけようとしているのは確かなように思えます。

ナオちゃんたちの場合

三歳児クラスに入園したばかりのナオちゃんは、クラスの友達といっしょにはじめて『三びきのやぎのがらがらどん』を読んでもらったとき、トロルが《「だれだ、おれの　はしを　かたことさせるのは」》と怒鳴って登場すると、「こわい」と大声で泣き出し、部屋を走り出てしまいました。その後も、他の子どもたちにせがまれて保育者がこの絵本を読むたびに、泣いて部屋から出ていくことが続いたそうです。「感情のリアリティー」がわかり「ボクはイヤだ」の状態だったのでしょう。

ところがある日、保育園にやってくるなり保育者のところに来て、「がらがらどんが好きになったの。お話なんだよね」と言ったそうです。たしかにこのとき以来、この絵本を読んでも泣かなくなったのです。しかも、ナオちゃんは、保育園では泣くほどきらいだったこの絵本を、家ではお母さんに読んでもらっていたのだそうです。家での詳しい経緯はわかりませんが、「こわい」実感を超えるためには、「お話の出来事であり、現実にはないこと」という理解が必要であるらしいことがわかります。

絵本ではありませんが、私の娘はテレビアニメ「プロゴルファー猿」を見ていたとき、やはりお話であることを確認することで「感情のリアリティー」に圧倒される自分の状態を超えました。アニメは、登場人物そのものが動くし、口の動きと声がほぼ重なっているうえに会話中心に進行しますから、絵本よりはずっと現実世界の出来事に近く感じられます。当時小学二年生の娘は、大好きな藤子不二雄作品であるという理由でこのアニメを毎回見るのですが、猿丸とミスターXとの対決が深刻なために、猿丸の危機的場面になると、毎回「もう、いい」とみずからテレビのスイッチを切ってしまうのです。ようやくなんとか最後まで見られるようになったのは三年生になったころで、しかもはじめのうちは、猿丸が苦境に立つと、毎回、「大丈夫だよね。主人公が負けちゃったらこの話終わりになっちゃうもんね」とアニメであることを確認し、猿丸の勝利を自分に言い聞かせながらでした。

『ねないこ　だれだ』があんまり好きではない四歳児クラスの場合

絵本の実践を重ねている今美佐子さんが担任する幼稚園の年中（四歳児）クラスの子どもたちは、『ねないこ　だれだ』に夢中になり、週一回の絵本貸し出し日には目の色を変えてこの本を奪い合うほどだったそうです。（「貸出し絵本のベストセラーから」月刊『絵本』一九七六年四月号、すばる書房、二四〜二五ページ）その魅力の秘密を探ろうと、今さんは「『ねないこ　だれだ』を借りた？」「好き？　きらい？」「どうして？」と子ども一人ずつにインタビューしました。その結果、あまり好きではない派と、大好き派に二分されました。あまり好きではない派の子どもたちがあげた理由は次のようなものでした。

「いたずらねずみとか、おばけとか僕のきらいなものがいっぱい出てくるからね」
「最後のところがいやだ、だってお母さんも誰もいないからこわいみたい」
「私はおばけこわいの、本当みたいだからね」
「時計がなるところがきらい。だっておばけの時間が来るみたいでこわいから」

とはいえ、「だからもう借りないのかと思えば、だけど借りたいというのです。一体どうなっているのでしょう」と今さんを悩ませるように、「あまり好きではない」と言いながらもやはり魅力ある絵本なのです。

あまり好きではない派のこの子どもたちは、「こわいみたい」「本当みたいだから」と言っており、決して現実の出来事だと考えているわけではありません。一応は登場人物ルルちゃんのこととして区別しています。でも、「僕のきらいなものが……」とか「こわい」のように、現実の自分の感情が強調されています。「感情のリアリティー」に圧倒され、登場人物と現実の自分とが重なってしまうのです。おばけがルルちゃんを連れて行くのはお話でのことだとはわかるけれども、「もし、おばけがルルちゃんと同じように自分を連れに来たら……」とついつい自分のことのように考えてしまうようです。

彼らは、この「もし」が生じる可能性をきっぱりと否定する根拠を自信をもって引き合いに出せないからこそ、こわさや不安を感じるのでしょう。あまり好きではないと言うこの子どもたちは、泣き出したときのアヤちゃんや、はじめて読んだときの薫子ちゃん、ナオちゃんの状態をちょっと超えたところにいると思われます。

一人の子どもの変化の過程や、「あまり好きではないけれど魅力的」と感じる子どもたちのようすを分析すると、「感情のリアリティー」の実感や「そんなのわたしはイヤ」という状態を超えるには、こわがらない友達や信頼できるおとなといっしょに「読めちゃった」という成長感がまず基礎にあり、「お話なんだよね」と自分に言い聞かせずにはいられないレベルであっても、「想像の世界では可能だけれども、現実の世界ではありえない」と、絵本と現実とを区別できることが必要だといえそうです。

第4節　オバケなんかいるわけないからネ

お話だからナンデモアリを楽しめる

一方、今美佐子さんのクラスの子どもたちで、『ねないこ　だれだ』が大好きだという子どもたちが大好きな理由として言っているのは少し違います。彼らがもっとも好きなのは、アヤちゃんが泣いた十ページの《おばけの　せかいへ　とんでいけ》と、十一ページの《おばけに　なって　とんでいけ》のところだそうです。そしてそのわけを次のように説明しています。

「子どもが、おばけになって飛ぶでしょう、あれが不思議だから」

「悪いおばけでしょう、だけど子どもを一緒に連れて行くからおもしろいんだよ」

「最後、おばけになるでしょう、あそこ。だって人間がおばけになるわけがないのに、なっちゃうでしょう、だから……」

「おばけの世界に飛んでいくところ。だって女の子も、一つの足になっちゃって……、そして空に行っちゃうからね」

「一番最後にね、おばけの世界に飛んで行くでしょう、だってまだ続きがあるみたい……、おばけの世界の続きだよ」

「先生の声が、なんだか本当のおばけのような感じがするから……。私もできるよ」

「小さくなって、おばけになって遠くへ行っちゃうみたいだから」

彼らの理由に共通しているのは、「だって、人間がおばけになるわけがないのに」ということです。彼らは、登場人物の事態は現実の自分にはありえないこと、あくまで想像上の出来事だとはっきり区別し、誰もが認める立派な根拠でそれを裏付けようとしています。現実生活では生じえないはずのことを登場人物が体験しているとみているから「不思議だ」となるし、想像の話だとわかっているからこそ「まだ続きがあるみたい」なのだし、アリッコナイとわかっているからこそ「女の子も一つの足になっちゃう」のがおもしろいのです。第5章のアリッコナイからおもしろいに通ずるところが、大好きな理由になっています。

大好き派の子どもたちは、おばけに連れ去られるルルちゃんがどんな気持ちでいるか、登場人物ルルちゃんの「感情のリアリティー」は十分に感じています。ビックリし、とんでもないことをしてしまったと後悔するルルちゃんの気持ちを、自分の日常生活で失敗して後悔したあれこれの出来事と重ねて推測しています。

けれども、「あまり好きではない派」の子どもたちが言う「本当みたいだから」とはまったく違います。「人間がおばけになるわけがない」、「そんなことアリッコナイ」という現実認識がしっかりとあるので、登場人物の「感情のリアリティー」がわかっていても、登場人物と同じような状況に現実の自分がおかれるわけがないと確信できるのです。つまり、「おばけになっちゃったらたまらないけれど、そんなことはアリッコナイ」と知っているのです。そして、「でもさ、もしそんなアリッコナイことが起こったとしたら、どうなるんだろう?」と想像しはじめているのです。

アリッコナイことだからナンデモアリで、「もし……」の範囲は限りなく広がります。「もし、空から下を見たら……」「もし、おばけの世界に到着したら……」「もし、私がいなくなったら両親は……」と多様な場面を想定し、いくらでも考えられるのです。

ルルちゃんの「感情のリアリティー」をわかったうえで、ルルちゃんの行動を批判的に見、しかも限りなく想像がふくらみ、「でも……、遅くまで起きていると、ひょっとして……」という一抹の不安を感じながら、「でも、お話だもん」と意識して否定する部分もちょっとあって、だからこそ「大好き」になるのではないでしょうか。

嘘と現実の間を揺れながら

想像の世界と現実の世界を区別しアリッコナイと確信しているといっても、四歳児クラスの子どもたちがしている区別は、未だ十分なものではありません。彼らは年上の子どもやおとなの話や自分自身の経験から、おばけの実在を否定するようになり、その根拠も自信をもって示せるようにはなっていいます。けれども子ども自身の生活経験が限られているために、自分たちは知らないけれども現実なのか、現在の科学では未だ解明されていないおとなにも不可解な現象なのか、それとも真実ではない架空の出来事なのか、これらの区別をおとながしうるように安定して区別しているわけではありません。そこで、子どもの知識からすると真実と思えるけれども、しかし実際には「嘘の証拠」をおとなからつきつけられると、想像の世界と現実の世界との区別の境目が大きく揺らぎ出します。このとき、一定の区別ができている子どもたちは、自分の経験や知識からはありえないはずだが、証拠があるということはひょっとして自分の知らない現実の世界に起こりうる真実なのかもしれないと、「嘘の証拠」の検討に挑戦することになります。五歳児クラス、小学生と年齢が進むにつれて、「嘘の証拠」の検討はいっそう鋭くなり、それとともにより確かな現実認識を獲得していきます。

第4章

シミジミするおもしろさ

第1節　本当もこんなだったら楽だろうな……

ノンタンシリーズの人気

ノンタンが登場する絵本は現在も新作が出ていますが、最初の「ノンタンあそぼうよ」シリーズ十冊の第一作『ノンタン　ぶらんこ　のせて』（大友康匠／大友幸子作・絵、偕成社）の初版が出版されたのは、一九七六年です。二十年以上前に出版されたこの絵本は、当時の子どもが親世代になって、再び我が子に読んでいるということになります。私の持っている数冊の『ノンタンぶらんこ　のせて』の奥付には、初版後八年で九八刷、その五年後には二一五刷、その翌年の一九九〇年のものは二二二刷、二〇〇〇年六月では二九二刷とあります。文句なく大ベストセラー絵本です。シリーズが爆発的な人気を得ていたときは過ぎたとはいえ、これほど長い間売れ続けているのは、ノンタン絵本が子どもたちに支持されているということでしょう。

たしかに子どもたちはノンタン絵本が好きです。ところが保育者や絵本作家など、絵本にくわしいおとなたちの評価はあまり高くありません。

このシリーズに共通した特徴は、「デンデラ　デンデラ」とか「オネショデ　ション」といったリズムのある独特の韻を含んだ文や、ノンタンはじめ登場人物の漫画的な表情、テレビアニメのような色づかいとタッチの絵にあります。じっさい、子どもはすぐに文を覚え、独特の韻を唱え、登場人物の表情に注目し、そこから登場人物の感情を読みとろうとします。ところがこうした特徴は、一方では芸術性や文学性に欠けているという評価の根拠にもなり、ノンタン絵本は子どもにおもねる絵本ということにもなります。

音や表情、色づかいだけで子どもはそんなに夢中になるのだろうか、子どもの心をひきつけるもっと別のおもしろさがあるのではないかと考え、ノンタン絵本をたくさんの子どもに読み聞かせて記録を集め、学生といっしょに調べたことがあります。一九八三年のことです。学生たちは、それぞれ自分が興味をもったノンタン絵本を子どもたちに読み聞かせました。親戚の子ども、保育園の子ども、知人の子どもと、それぞれが子どもを見つけて苦労してその記録を集めたのです。このとき、「適当な年齢の子どもが見つからない」と困った小野寺真弓さんは、近所の公園で子どもを見つけて読もうとして、ひとりの子どもに出会いました。

それが、幼稚園の四歳児クラスに通うトオルくんでした。トオルくんはなかなか変わった子どもでした。マンガ、それも手塚治虫のものが好きで、幼稚園に持っていって、退屈すると読むのだそうです。絵本を読み終わった小野寺さんが帰ろうとすると、「お姉ちゃん、ちょっと待ってて」と家に戻って持ってきたのが、知能検査の結果を記した用紙。知能指数の高さを誇らしげに教えてくれたそうです。やっぱりという気はしたものの、少々「無気味」な感じがする子どもだった、というのが小野寺さんの感想でした。四歳児クラスの子どもとしてはかなり早熟なトオルくんなのですが、このトオルくんが『ノンタン　ぶらんこ　のせて』に意外な興味を示したのです。

ノンタンは謝っていない!

彼の早熟さの結果、多くの四歳児クラスの子どもはとてもここまで言わないし、それだけの表現力をもたないようなことを、彼は言葉として表現していました。しかも、彼の感ずるところは、いかにも四歳児クラスらしい彼の幼稚園生活が基点になっています。このアンバランスのおかげで、きわめて特殊な例ではあるのですが、四歳児の複雑な心の動きの一端を知ることができたような気がします。

絵本を読みながらの、彼と小野寺さんの様子を彼女の記録からみてみましょう。

ノンタンが笑顔でブランコに乗っている表紙と、ノンタンが友だちと並んでニコニコ笑っている裏表紙を広げて《ノンタン　ぶらんこ　のせて》と読みはじめると、じーっと考えこんで見つめていたトオルくんがこう言ったのです。

「最後はさぁー、こんなふうになるんでしょ（裏表紙のノンタンと友だちを指さします）。たぶんさ、こういうふうにノンタンがさ。これノンタンでしょ?（表紙のぶらんこに乗っているノンタンを指さします。小野寺さんは「そう、これがノンタン」とこたえます）こんなふうにひとり

表紙，背表紙そして裏表紙

じめして……。これ見るとさ、困っているんじゃない？（彼の指さす背表紙をよく見ると、頭に手をやってちょっとしょんぼりしているノンタンの小さい小さい絵があります）きっと、みんなに、いじめられたんだね。うん（自分で納得して）。でも、最後はこんな感じで終わり」

びっくり仰天の小野寺さん、返す言葉もありません。

気を取りなおしてページをめくり読みだすと、トオルくんもやはり四歳児クラスの子ども。一画面のウサギを見て、「バルタン星人みたい」。

三画面、続けてやってきた二匹のウサギの《ノンタン　ノンタン、ぶらんこ　のせて。》では、「あれがノンタンの本当の顔なんじゃない？」そう言われれば、たしかに、このノンタンは意地の悪い目をしています。

四画面、《だめ　だめ、これから、たちのりするんだもん。》の文と、ニコニコ立ち乗りしているノンタン、恨めしげな目のウサギたちが描かれていますが、ここでトオルくんは、「どっちの気持ちもわかるんだよね」と言います。ひとりじめしたい気持ちも、そんなことするなよという気持ちも、トオルくんは日常生活でたっぷり経験しているのでしょう。

五画面、クマがやってきて《ノンタン　ノンタン、ぶらんこ　のせて。》というと、トオルくん「仲間ができると安心するんだよね」。そう言われてみると、クマがやってきたのをしっかり見つめるウサギたちの口元は穏やかで、一匹のウサギはウィンクをして笑っています。

六画面、《だめ　だめ、これから、かたあしのり　するんだもん。》では、「あっ、目付きが変わった！」と指摘。たしかに、ウサギたちとクマの目つきは相当に恨めし気です。

七画面、さらにブタとタヌキがやってきての《ノンタン　ノンタン、ぶらんこ　のせて。》では、「あはは、一対五だ。あせるぜって顔してる」。ここのノンタン、ブランコから身を乗り出しウッといった表情をしています。

八画面、《だめ　だめ、これから、ビュン　ビュン　スピードのり　するんだもん。》では、「意地になってる」。そうです、ここのノンタンは口を曲げ目はキュッとあがっています。トオル流とはいえ、登場人物の表情から、登場人物の気持ちを的確に読みとっています。

九画面、《「ずるいよ　ずるいよ。」「ノンタン　ずるいよ。」「じゅんばん　じゅんばん、かわってよ。」「かわってくれなきゃ、もう　あそんであげないよ。」「みんな　かえろう！」》を読むと、すかさず「幼稚園はもっとひどいよ」と言うのです。「えっ、どんなふうに?」と聞くと、「砂かけるの。砂かけたり、本当にそいつをひとりにしちゃうの」。小野寺さんが「あーっ、やったことあるんでしょ」と言うと、笑ってうなずいて「それでね、そいつがこっちに謝ってくるまで、絶対話なんかしない」と力説します。もう遊んであげないだの、みんな帰ろうだのの殺し文句を言いながら画面いっぱいに怒りまくっているクマたちの怒りの表現は、トオルくんが、ひとりじめする幼稚園の友だちに怒るときの気持ちと共通するものがあるのでしょう。

十画面、《まってよ　まってよ、かわるよ　かわるよ。10まで　かぞえたら、じゅんばん　かわるよ。》とノンタンが必死に食い止め策を講じるところで、トオルくんは「謝ってないんだもん!」とノンタンに抗議します。

十一画面、《じゃあね、えーと、あのね……、1・2・3、……。えーと　1・2・3、で……。えーと　えーと　1・2・3、……。》とくり返すだけのノンタンに対しては、「マジ?　これ。嘘だったらひでーやつだよ」。またしてもノンタンに批判的です。

十二画面、《「ノンタン!　1・2・3ばっかりで　ずるいよ。」「ちゃんと　10まで　かぞえてよ。」》のクマたちの抗議に、トオルくんは「もしかして、数えらんないんじゃないの?」と推理します。「どうかな?」と小野寺さん。

十三画面、《「えーと　えーと。」「あのね……ぼくね　ほんとは、1・2・3、までしか　かぞえられないの。」「えっ?」「それじゃ——》と読むと、トオルくん「やっぱり……。きらいだなぁ、こんなの」。この発言に驚いた小野寺さんが「きらい？」と聞くと、トオルくんは「イライラしてくる」とこたえます。トオルくんは、3までしか数えられないのに「10まで数えたら」と言ってしまったノンタンが許せないと思っているようです。

十四画面、《みんなで　10まで　かぞえて　あげるよ。」「それっ！」1・2・3、4・5・6、7・8・9・10、おまけの　おまけの　きしゃぽっぽ、ぽーっと　なったら　かわりましょ！》を読むところで、小野寺さんは間違えてしまいました。本来ならブランコを数えるときのように「イーチ　ニー　サーン　シー」と読むべきところを、「イチ　ニ　サン、シ　ゴ　ロク」と区切って読んでしまったのです。すかさずトオルくんは、「ねっ、この数え方、ブランコの揺れにあわせてあるのかな？　いーち　にーい　ならわかるけど、ブランコがこう揺れるのに（手を大きく左右に揺らしながら）、いち、に、さん、だったら、なんか気持ち悪い」と厳しく指摘します。あわてた小野寺さん、「そうだね。合わせれば十こぎできるのに、それでいくと、三こぎぐらいしかできないことになっちゃうしね……」としどろもどろ。でも、このブランコの揺れに合わないという感覚、ブランコに乗っている子どもだからこその指摘でしょう。トオルくんはやっぱり四歳児クラスの子どもなのだと安心します。

ところが、トオルくんはこのストーリー展開に納得しません。十四画面の絵を指さしながら、「それにこれ……、もう、みんな笑ってる！」と不満気に言います。「そう、もう、みんな仲直りしたみたいだね」とこたえると、「本当もこんなんだったら、楽なんだろうね。でも、悔しくないのかな。ノンタンまだ謝ってないよね」と言うのです。

トオルくんは、ノンタンが謝っていないことにこだわっているものの、「本当もこんなんだったら、楽なんだろうね」と、謝らなくても仲直りできるノンタンたちの友だち関係もいいなぁと思っているようです。でも「悔しくないのかな」とそう簡単には認められないのでしょう。

小野寺さんが「ん、謝ってないね」とあいづちをうつと、「こんなことが続いたら、ますます、このノンタン、つけあがるばかりだよ」。タジタジとした小野寺さんが「おーっ、すごい言葉！」と言うと、「それともさ、このノンタンっていうのは、頭が少し弱くってさ、みんなはそれをよく知っていて我慢しているとか……」。小野寺さんがあわてて「ちょっと、それは考えすぎでしょ」と言うと、「そうだね、そこまで、この本、深いわけないもんね」。小野寺さんがあきれて「よく言うなぁ、君も」とこたえると、「幼稚園にもそんな子がいるしさ……」と言うのです。「そうかぁ……」としか言えない小野寺さん。トオルくんにとって、「謝らない仲直り」は理想であって、現実はそれではすまないということなのでしょうか。

十五画面、《「はい　つぎは　うさぎさん！　10まで　かぞえたら、かわってね。」「うん！」》、十六画面、《1・2・3、4・5・6、7・8・9、10。おまけの　おまけの　きしゃぽっぽ、ぽーっと　なったら　かわりましょ。ノンタン　ぶらんこのせて、おしまい》と絵本を閉じると、トオルくんは「謝っていない！　どーして謝っていないんだぁ？」とくり返し言いました。

「感情のリアリティー」の魅力

この記録を読んだとき驚きました。手塚治虫マンガを読み、マジだのイライラするだのおとなびた言葉づかいをする「生意気」トオルくんが、このノンタン絵本を子どもっぽいと馬鹿にすることなく、最後までかなり一生懸命聞いていたことがまず驚きです。しかも、「どっちの気持ちもわかるんだよね」とか「本当もこんなんだったら、楽だろうね」と、自分の幼稚園生活と重ねながら聞いていたのも驚きです。

いったいどうして彼はこれほどまでに『ノンタン　ぶらんこ　のせて』にひきつけられたのでしょうか。

ひとつには、彼の生活で生じる仲間との関係が、そのまま描かれていたということでしょう。この絵本には、仲間との関係で生じる種々の感情がありのままに描かれています。ひとりじめしたい気持ち、意地悪な気持ち、得意満面な気持ち、怒りたい気持ち、恨みがましい気持ち、もう許さないぞという気持ち、ちょっとまずいなという気持ち、はずかしい気持ち、うれしくなっちゃう気持ち……、こうした登場人物の感情が、それぞれの表情や動作、言葉でわかりやすく的確にあらわされています。これらの登場人物の感情のありようや心の動きが、現実のトオルくんのそれと同じだということ、これが彼には重要な意味をもっていたはずです。

「仲間ができると安心するんだよね」、「あはは、一対五だ。あせるぜって顔してる」、「意地になってる」、「どっちの気持ちもわかるんだよね」という彼の言葉から、彼が、彼自身の日頃の生活で生じる感情をもとに登場人物の気持ちを読み取っていることがうかがえます。登場人物の感情のありようや心の動きに、トオルくんは「感情のリアリティー」を感じるのでしょう。だからこそ、「生意気」トオルくんが、「子どもっぽい」とか「うそっぽい」と馬鹿にせず、真剣に聞いてしまったのではないかと思わされます。

そしてこの「感情のリアリティー」のために、彼は「幼稚園はもっとひどいよ」と、自分の現実を語り出したのだと思われます。ノンタンの世界は遠いお話の出来事ではなく、自分にもありうる出来事になっているのでしょう。最後には、ノンタンに対しての彼自身の感情が言葉になっています。「マジ？　これ。うそだったらひでーやつだよ」、「きらいだなあ、こんなの」、「イライラしてくる」、「悔しくないのかな」、「こんなことが続いたら、ますますノンタンつけあがるばかりだよ」という部分です。

ひとりじめするという場面設定が同じだからというだけでなく、そこで生じる子どもの「感情のリアリティー」がこの絵本の魅力であり、そこにトオルくんもひかれたのではないかと思うのです。

「こんな仲直りのしかたがあるよ」のメッセージ

トオルくんがひかれたもうひとつは、友だちとの仲直りの「新しい」方法を知ったことにあると思います。これまでのトオルくんの仲直りの方法は、「謝ったら、許す」だけでした。「砂かけるの。砂かけたり、本当にそいつをひとりにしちゃうの」、「そいつがこっちに謝ってくるまで、絶対話なんかしない」というやり方でした。でもこの絵本では、「謝らずに仲直り」しているのです。トオルくんが思いもしなかった「新しい」方法です。

はじめトオルくんはこの「新しい」方法を受け入れがたかったのですが、十四画面でポロリと、「本当もこんなんだったら、楽なんだろうね」と言っています。四歳児クラスの子どもとしては巧みすぎるほどの表現ができるトオルくんだからこそ言いえたことでしょうが、この年齢の子どもたちの気持ちを象徴的に語っているように思えてなりません。謝らないからと砂をかけたり、無視したりしている子どもたちも、じつはそんなやり方を、決して好んではいないということではないでしょうか。

最近、おとなたちは、子どものケンカを紋切り型で解決させようとしてはいないでしょうか。決着をつけるために、「ゴメンナサイ」を言わせ、言ったのだから許しなさいと、安易に審判しようとしてはいないでしょうか。子どもたちはおとなのこうした「ケンカ解決法」に矛盾を感じているのではないでしょうか。ちっとも悪いことをしていないのにとか、故意にやったわけじゃないのにとか、相手が先にやったから自分もやっただけなのにと思っているのに、おとなに不本意な「ゴメンナサイ」を強要されるのにはウンザリなのかもしれません。

子どもたちのケンカ場面で双方の言い分を聞いていると、どちらの言い分ももっともで困ることがよくあります。真剣に口を尖らせ、表情たっぷりに言いたてる子どもたちの顔を見ていると、安易な判定をするわけにはいかなくなり、「そりゃあ困ったねぇ、どうしようか」としか言えないのです。こんなとき、まわりの子どもたちと「困ったねぇ」「困ったねぇ」などと言い合ううちに、「そうだ！　順番にすればいいんだよ」などと、名案を考えつく子どもが出てきます。順番なんてわかっちゃいるけどそれがいやでケンカになったのに、「困った、困った」と言い合う間に当事者たちも気分がなおっていて、「そうだよ、○○ちゃんが先ね、それからボク」なんてケンカの張本人が言ったりします。

ときには、彼らの真剣な言い分を聞くうちに、ケンカのきっかけのささいさとその真剣さとのギャップがあまりにも大きくておかしくなり、大笑いしてしまうこともあります。大笑いしているおとなを見て、まわりにいた子どもたちがまず笑い出し、それを見て泣いていた張本人さえもが笑ってしまい、それで終わりということもあります。子どもたちにとって、ケンカは主張のぶつかり合い、言いたいことを言ってしまえば半分終わり、後は気分をどう立てなおすかということなのではないかと思うことがしばしばです。

私自身、小学校入学前、お向かいの仲良しとささいなことでよくケンカをしました。双方怒って「もう遊ばない」と捨てゼリフを残して家に帰ったもののやっぱり遊びたくなり、相手の様子を探り探りなんとなく近寄り、なんとなく顔を見合い、いつのまにかしゃべりはじめ、やがていつものようにいっしょに遊んでいたことを思い出します。互いにちょっと悪かったなぁという気持ちがあることをわかり合えること、怒り続けるよりも楽しく遊ぶほうがずっと楽しいことを、経験的につかんでいたような気がします。

『ノンタン　ぶらんこ　のせて』には、最近の子どもたちの世界から消えつつある「こんな仲直りのしかたがあるんだよ」というメッセージがあります。子どもに人気があるのは、じつは、このメッセージに子どもたちが共感しているからではないかと思うのです。

『ノンタン　ぶらんこ　のせて』はシミジミする絵本か

シミジミする絵本というのは、絵本をきっかけに、子どもが自分の生活を新しい視点でとらえなおせる内容をもつ絵本だと考えます。トオルくんのように、ノンタンやその仲間に「感情のリアリティー」を感じ、「謝らない仲直り」があることを知ったというのは、トオルくん自身が自分の生活をとらえなおすきっかけに十分なっていると思います。

嫉妬、威張る、怒る、とがめるなどといった感情を描いた子ども向けの絵本は、あまり数が多くありません。さらに、はずかしい、照れる、ちょっと自慢したい、ちょっと意地悪をしたい、ちょっと嫉妬するなどといった微妙な感情、これを描いた絵本もあまりありません。ストーリーが短く、それだけに単純な展開をしなければならない絵本の文章では描きにくい部分なのでしょう。けれども絵本は、登場人物の表情や動作という絵の部分で、絵本は、こうした微妙な感情をじつに鮮やかに表現できます。

子どもたちは現実の生活のなかで、こうした感情を日々感じています。とくに、「ちょっと」という微妙な感情は、子どもが友だちと遊ぶときにはよくあることです。こうした自分の感情をそのまま表現すると、けんかになったり、いじめることになったり、いじけになったり、ときには我ながら後ろめたくて、気がつかれないのが幸いとそっと心の奥底にしまったり、ということになるのかもしれません。

私は、子どもたちにもっと自分の感情をしっかりと味わい、心に刻み込んでほしいと考えています。それだけに、『ノンタン　ぶらんこ　のせて』が子どもたちのありのままの感情のありようや心の動きを描き出したことは、絵本の可能性を広げるということで重要な意味をもっていたと思います。

「ノンタンあそぼうよ」シリーズの十冊は、登場人物のそれぞれの感情を目や口の表情でストレートに表現していること、しかもその感情が言葉でも的確に表現されているという特徴をもっています。とはいうものの、現実の子どもの「感情のリアリティー」という点では疑問に思える内容のものもあります。さらに、子どもたちの現実の感情や生活をとらえなおすための何らかのメッセージをもったものということになると、疑問はいっそう大きくなります。シミジミとした絵本の傑作といえるのは、シリーズ第一作目の『ノンタン　ぶらんこ　のせて』だけだと思います。

第2節　ぼくも、「すき、ときどき、きらい」だな……

私の記憶のなかにいる弟

幼児にとって、きょうだいというのはなかなかやっかいな存在であり、様々な複雑な感情を生み出す源ともいえます。私には三歳二ヶ月離れた弟がいますが、弟が生まれて間もないころの一シーンを鮮明に覚えています。母は自宅で弟を出産したのですが、母の寝ている部屋でお産婆さんがねずみ色の布製の袋状のものに弟を入れ、バネばかりでつるしながら体重を計っていたこと、そのときの母の掛布団が紫色であったこと、その場面だけは、部屋全体の感じと「変なことをするな」という印象とともに、よく覚えています。でも、それ以外の出来事は何も覚えていません。

ところが、両親は、私は弟の誕生をすんなりと受け入れず、大変彼に嫉妬したというのです。とにかくよく聞かされたのは、生まれたばかりの弟と母がいっしょに寝てはいけないと大泣きし、どうしても泣き止まないので、ついに母は弟を父に預け、私を隣に寝かせて過ごしたというのです。こんなことは、私はまったく覚えていません。

弟はひじょうに電車が好きで、Ｌ字型に続く廊下をゴロゴロと木製の電車を走らせていたのをよく覚えています。電車の屋根に手をかけた弟が、膝をついて電車を動かしながら移動するのです。当時彼がいつもはいていたコールテンの長ズボンの膝が擦れて、白くなっていたのも覚えています。五歳ころの私は、そんな弟をかわいいなぁとやさしい感情で見ていたこともよく覚えています。

ところが、このころの私のやさしい気持ちの記憶と、親や姉から聞く話による私の行動とはまったく違うのです。色が白くて目の大きいおとなしい弟は、気が強くてよくしゃべるうるさい私より、圧倒的に近所のおとなたちに人気があり、誰からも「かわいい、かわいい」と言われていました。それに私が猛烈に嫉妬していたというのです。このあたりのことはまったく覚えていません。でも、そういえば近所の小学校高学年から幼児までの子どもたちと遊ぶとき、そのなかでは一番小さかった弟を「オミソ」と言って自分たちのルールを守らなくてよいことにして、「小さいんだもんね」などと言っていた記憶はありますから、それでいくぶん憂さを晴らしていたのかもしれません。やはり、嫉妬する部分は確かだったということでしょうか。

幼児にとって、弟や妹の存在というのは、複雑な感情をともなうものです。きょうだいの年齢の差で、感情もずいぶん違うだろうとは思いますが、兄姉が弟妹に感じる感情はかわいいときもあれば憎らしいときもあるというように、毎日の生活のなかでクルクル変わるのではないかと思います。弟妹の世話をしておとなにほめられて兄姉だと誇りに思うこともあれば、自分のものをいじるなと取り上げたら弟妹に泣かれ、「少しは貸してあげなさい」と叱られて悔しいということもあるだろうし、あるいはそうした行動に出せないまま子どもの心のなかに鬱々とした気持ちが渦巻いているというように、いろいろな感情が錯綜しています。好きかきらいか、そのどちらか片方だけというわけではないのです。さっきまで仲良く遊んでいたと思ったら泣き出し、ケンカしていたと思ったら仲良く遊んでいるというように、そのときそのときで行ったり来たり、ここかと思えばまたあちらと転じ、いつも優しいとは限らないけれども決してきらいというわけでもない、じつに複雑でやっかいな不思議な感情です。

こう考えると、幼い子どもの場合、きょうだい間の感情を、かわいいけれども憎らしいとか、頼りになるけれど意地悪というように、対立する感情の「葛藤」としてとらえる必要があると思います。「葛藤」しているのだと子どもの心をとらえようとすれば、おとなは、我が子のきょうだいゲンカにも、「うるさいなぁ」と思っても、同時に、兄や姉としてのやりきれない思いをちょっとは感じられるのではないかと思います。そうすると、いつもいつも「お兄ちゃんなのだから……」「お姉ちゃんなのだから……」とばかり言うわけにはいかなくなります。

きょうだい関係を描く絵本

きょうだい関係を、上の子どもの立場から描いた絵本はたくさんあります。そのどれもが、この複雑な感情をとらえようとしています。兄姉側の弟妹への感情の葛藤を、絵本ではどのように描いているのかと、分析したことがあります。葛藤をどのようなものとして描いているのか、兄姉がその葛藤とどのように向き合い、どのように自分なりの決着をつけているかを視点にすえました。

親から弟妹の世話を頼まれ、孤軍奮闘するといった内容の絵本は、最後に親にほめてもらい奮闘の労が報われ、「自分でもできた」とうれしくなって、世話しているときに生じた葛藤にいちおうの決着がつくという展開が多いようです。『ぼくはおにいちゃん』（小野洋子作　いもとようこ絵、佼成出版社、一九八一年）、『ぼくのいもうと』（木村泰子作・絵、至光社、一九八七年）に代表されるような絵本です。しかし、兄姉としての葛藤は、頼まれて弟妹の世話をするときにもっとも顕著にあらわれるのかといえば疑問です。それだけに「頼まれて世話をする」という設定は、妙におとなが求めている「兄姉らしさ」が強調されているようで、葛藤中の子どもの気分とはずれているような気がします。「良い兄姉になりなさい」と説教調で迫ってくるようで、弟妹への複雑な感情に悩む渦中の子どもたちには受け入れがたいのではないかと思います。

一方、おとなに求められたからではなく、弟妹に対する自分の気持ちを確かめ選びとって、自分自身で気持ちに決着をつけるという内容の絵本があります。

『ピーターのいす』（E・ジャック・キース作　木島 始訳、偕成社、一九六九年）は、自分自身が身体的に大きくなったことを自覚して、小さくなった自分のいすを妹のものにするという決着のつけ方を描いています。『ひみつのばしょ　みつけた』（ジーン・ティシェリントン作・絵、藤田のぼる／岩城紀代子訳、佑学社、一九八八年）は、弟がうるさくて一人になりたくてやっと秘密の場所をつくったのだけれど、一人じゃやっぱりものたりなくて、弟が来るのを待っている自分がいたという決着を描いています。もちろん、兄のほうはそう自覚しているわけではないのですが、言い寄ってくる弟を迎える兄の笑顔には「弟がいてよかった、うれしいよ」という気持ちがあふれています。『いもうとのにゅういん』（筒井頼子作、林 明子絵、福音館書店、一九八三年）は、大事な人形をすぐ持っていってしまう妹に腹を立てたものの、妹が入院したとき、妹が喜ぶお見舞いを用意しようとしているうちに、自分の大事な人形を妹にプレゼントしようと自分で決めたことを描いています。

これらの絵本を子どもたちに実際に読んでも、目に見えるような反応はありません。登場人物の「感情のリアリティー」を強く感じすぎるからでしょうか。それともそっとしておいた自分のなかに潜む感情を刺激され発見したからでしょうか。いずれにしても、登場人物の感情が自分の日常の感情に近く、かつその感情が嫉妬、怒りといったあからさまに表現するのに抵抗のある感情である場合、子どもたちはなかなか素直に「私もこんなことがあるヨ」とは言わないものです。

しかし、こうしたストーリーは、葛藤のさなかの子どもたちに、こんな決着のつけ方もあるんだよというメッセージを送っているように思います。メッセージをもっている絵本は、なにか心にひっかかっていて、ある日自分が弟妹に対して絵本の登場人物と同じような気持ちをもったとき、あるいは同じ状態になったとき、ふと絵本の登場人物を思い出すという形で、子どもの心のなかにシミジミと沁みこみ、刻みこまれるものではないかと思います。

『すき　ときどき　きらい』の場合

兄姉としての複雑な葛藤する感情そのものをとりあげ、しかもスッキリとした解決をするのではなく、そのままでいいんだよ、そんなものなんだよというメッセージを送っている絵本があります。『すき　ときどき　きらい』（東　君平文、和歌山静子絵、童心社、一九八六年）は、兄姉の複雑な葛藤を、「すき　ときどき　きらい」という言葉で表現しています。

この絵本の一画面の文は、次のように始まります。

ぼくの　おとうとは　まだ二さい。
とことこ　あるけるけれど
まだ　よく　しゃべれない。

ぼくは　おとうとのこと　きらいで　すき。
おとうとは　ぼくのこと
だいすきみたいだけれど。

二画面から十五画面まで、さまざまな生活場面での多様な、兄であるがゆえの複雑な弟への感情が描かれています。

母親に甘える弟がきらい。父親に抱かれるとぼくのほうを見て笑うからきらい。幼児語で変な声でこたえる父親もいっしょにきらい。おもらしをする弟を笑うと悲しそうな顔をするから笑ったりしない。父親におもちゃを「貸してやれー」と言われても「いやだよー」と言ってしまう。大事なおもちゃで父親と弟が遊ぶから、壊したら弁償だよと思う。父親とお風呂に入るときも、以前は話をしてくれたのに弟と一緒だと歌ばっかり。髪の毛を洗うとき弟が泣くのがうるさくてきらいだし、泣かせる父親もきらい。ぼくがご飯をこぼしたり箸の持ち方が悪いと、両親は怒る。でも弟が何をしても両親は「あーあ」しか言わないから、三人ともきらい。父親はぼくを怒るけれど、弟にはまだ怒らない。母親はぼくにも弟にも同じように怒るけれど、弟が怒られるとかわいそうになる。写真を写すとき父親は「笑って」と言うけれど、ぼくはまじめな顔になってしまう。でも弟は笑って写っているから、だいっきらい。学校から帰ってきたとき弟が寝ていると、起こして遊びたくなる。弟が怪我をして血を出しながら泣いたとき、心臓がどきどきした。散歩に行くと、歩くのが遅いし寄り道ばかりするから、父親もぼくもいらいらする。

このように弟に対してだけでなく、その弟への親のかかわり方との関係で生ずる葛藤も描かれています。

そして、十六画面、文は、《「おとうとは　すきか」　とうさんが　ぼくに　いった。「えーとすきなときもあるし　きらいなときもある」　ぼくは　ほんとうに　そうおもう。》と続きます。

十七画面を開けると、ぼくの顔とおとなの手が描かれ、文は《「そうか」　とうさんは　ぼくの　あたまを　かかえて　ゆすぶった。「とうさんは　みんな　だいすきだぞ」　とうさんは　もういちどぼくの　あたまを　ゆすぶった。「しっこっこー」　おとうとが　ぼくと　とうさんのほうを　みて　いっている》となっています。十八画面は、困った顔をして手を差し出している弟が描かれています。

「ぼく」の複雑な感情に自分を重ねて

この絵本を四歳児クラスの子どもたちに読んだときでした。静かに聞いていたのですが、読み終わったとき、ひとりの男の子が、「ぼくも、やっぱり、弟は『すき　ときどき　きらい』だな」とポツリと言いました。「そう、どうして?」と聞いたのですが、「ウーン……」とこたえてはくれませんでした。

五歳児クラスの子どもたちに読んだときは、一画面で「うちも同じだ、二歳だよ」、「うち、しゃべられる」、「おれの妹ねぇ、もうママって言うんだよ」と自分の弟妹のことを話しだしました。この後も、自分の家庭と重ねて言い合うのです。髪の毛を洗うとき泣く画面では、「うちなんか、頭洗うとき毎日毎日、うぇーんうぇーんだよ。やんなっちゃう……」。箸の持ち方を叱られる画面では、「うちの姉ちゃんも言われてる。こんな短くて、何にも取れないんだよ」、「うちの愛ねぇ、お箸持てないからスプーンで食べる」。寝ていると起こしたくなる画面では、「ぼくもそう思う」、「つまんないからね」、「ひとりでお休みのとき、誰とも遊べなくてつまんない」。十六画面の「えーと　すきなときもあるし　きらいなときもある」では、「おれはうちの姉ちゃん、大きらい」、「うちの兄ちゃんが大きらい」、「妹の方がいい」、「笑っているときはかわいいけど、泣くときはうるさい」、「赤ちゃんはすぐ落書きするんだよ」という具合です。

この『すき　ときどき　きらい』の「ぼく」という登場人物の感情には、現実に子どもが感じている「感情のリアリティー」があります。そしてこの絵本は、この感情を「すき　ときどききらい」のままでいいんだよというメッセージを子どもたちに送っています。だから、読者である子どもは、「ぼく」の複雑な感情のどれにでも自分の日常を重ねることができます。そして、この自分の感情を、「すき　ときどき　きらい」ととらえることを知った子どもたちは、自分の日頃の弟妹への感情を今まで以上に肯定的にとらえることができるのではないかと思います。この絵本は、「今のままでいいんだよ、だって何だかんだ言っても、やっぱり寝顔はかわいいし、起こして遊びたくなっちゃうくらいかわいいんだものね」と、子どもたちの心にシミジミと語りかけてくる絵本だと思います。

第3節　「もしかしたら……」と考えて今を生きる

まるでラチみたい

中村柾子さんは、絵本『ラチとらいおん』（マレーク・ベロニカ文・絵、とくながやすもと訳、福音館書店、一九六五年）が大好きだったY君について次のように書いています。

四歳のY君は、やさしくゆったりとした人柄です。本箱から持ってきては、「読んで」とせがみ、「僕、これがいちばん好き」と、決めていました。友だちが、めそめそ泣いていると、「まるでラチみたい」と言うのです。K君とT君も、Y君とよく似た子でした。もの静かで、涙もろく、彼らがけんかしているのをみたこともありません。〝男の子というものは、いつだって元気はつらつとび回っているものだ〟とは、限らないのです。でも三人とも、弱虫なラチを身近に感じつつ、日増しに強く変貌していくさまに、拍手を送っていたのでしょうね。

（『子どもの成長と絵本』一二四〜一二五ページ）

何度も何度も読んでもらいたくなるほどのこの絵本の魅力、それは何なのでしょうか。Y君は、こわいことに出会ったときに動揺してしまう自分の心の動きと同じものを、ラチに発見したのではないでしょうか。「感情のリアリティー」があります。そして、自分の現実の生活のなかで、「もし、ぼくがラチだったら……」とか、「もし、自分にも小さい赤いライオンがいたら……」と考えているのではないでしょうか。

絵本のラチは、最初は赤いライオンの助けを借りましたが、赤いライオンのトレーニングのおかげもあって、やがて赤いライオンがいなくても強くなる日をむかえました。「いつかきっと、強くなれる日が来る」という希望が、この絵本にはあります。

現実には弱い自分、でも自分だってそれに満足しているわけではないのです。「まるでラチみたい」な自分はイヤなのです。めそめそ泣いている友だちの姿は、現実の自分の姿を見るようであり、だからこそ「まるでラチみたい」とちょっと意地悪な見方をしてしまうのでしょう。そんな表現がスッとできるのも、自分がめそめそしているとき、心のなかで自分でもそっと言っている証拠かもしれません。

Y君は、ひそかにライオンの体操をしているかもしれません。ひょっとするとあの赤いライオンが僕のポケットに入っているかもしれない、そう思いながら自分のポケットをそっと触っているかもしれません。こわいことに挑戦するとき、頭のなかでは赤いライオンといっしょかもしれません。

「赤いライオン」を心の支えに

斎藤美智子さんは、『ラチとらいおん』を四、五歳の子どもたちに読んだとき、「『つよくなるのには、まずたいそうするんだよ』というライオンのことばが、子どもたちの心のなかでふくらんで、毎日の体操がますます楽しくなりました」と書いています。やっぱり、ライオンの体操は子どもたちには魅力があるに違いありません。（斎藤美智子「きょうはどの絵本？」『ちいさいなかま』一九九九年四月号、草土文化）

四年前に卒園したこの絵本が大好きだった子どもたちは、一年生になるお祝いに、お母さんたちから手製の小さな赤いライオンのマスコット人形をプレゼントされたそうです。Sちゃんは、はじめての授業参観日に、お母さんに、「ライオン連れてきてね」と頼んだといいます。絵本のライオンと手製のライオン、それが違うものであることはハッキリと知っているはずのSちゃんでしょう。でも、緊張する授業参観の日、ラチのライオンの象徴ともいえるマスコット人形に支えてもらって、強い自分でいたかったのでしょうか。それとも、自分の強くなった姿を、マスコット人形をとおしてラチのライオンに見てもらおうとしたのでしょうか。

『ラチとらいおん』という絵本は、子どもたちの心に、「もしかしたら、自分にも赤いライオンが来てくれるかもしれない」とか、「赤いライオンが自分を見ていてくれるかもしれない」という希望を生みだし、今の弱い自分を強くしようとしていく象徴として残るものなのかもしれません。

こわいことって、おもしろい

『ダンプえんちょう　やっつけた』（古田足日・田畑精一作、童心社、一九七八年）は娘の愛読書でした。当時三歳後半の娘は、舗装された道路ばかりの町の保育園に通っていました。けれども、この娘は土や草原が好きで、裸足でうろつきながら虫を探す生活を好んでいたので、神社の石段やひなた山で遊びまくるわらしこ保育園は、憧れの保育園であったのかもしれません。

でも、それより重要だったのは、「こわいことは　しないんだもーん」の弱虫さくらちゃんの存在だったと思います。さくらちゃんはみんなからも弱虫とみられていたけれど、それでもテンとして恥じないのです。それを、何だかんだ言いながらも受け入れる仲間たちのなごやかさも気に入っていたのでしょう。

当時の娘は、「こわいことはしないんだもーん」、「いやなことはしないんだもーん」をまさに実行中でした。当時娘のクラスで流行していたのが「鉄棒」でした。クラスの仲間は、これを次つぎとクリアしていました。「鉄棒」といっても、鉄棒にピョンと飛びついてお腹をかけ、クルリと前回りするだけのものです。でも娘はできません。できない自分がとてもイヤだったのは確かでした。保育園に迎えに行って、「おばちゃん、見て」と誇らしげにやってみせてくれる子どもたちに「うまいねぇ」などと応じていると、娘はプイッとその場を離れていくことが続いていました。見かねて、「練習したら、できるかもしれないよ」と誘って飛びつくタイミングを教えようとしても、一、二回やるとすぐ「オスベリやってくる」「ブランコやってくる」と去ってしまう娘でした。友だちが教えてくれると言っても絶対に応じませんでした。

私は、こんな「ふがいない」娘に、「このまま一生この子はいやなことから逃げていく人間になるのではないか」と真剣に悩んだものです。夫には、「自分だって、子どものとき、いやなことをやらなかっただろう。それでもこれじゃまずいなと思うときがあって、それで自分からやろうとしたんじゃないか」と大笑いされました。そういえばと幼き日々を思い出し、「小学生のころだなぁ、自分で何とかしなくちゃとやりだしたのは……。でも途中で投げ出し続けたなぁ」などと気づいて、娘の悩みを冷静に見なくちゃなぁと考えたことをよく覚えています。

こんなころでしたから、さくらちゃんの心の動きは娘のそれであり、さくらちゃんの勇気とその後の変貌は娘の希望であり、「さくらちゃん」は彼女の希望の象徴だったのかもしれません。保育園の帰り道、保育園の散歩コースの神社に連れて行ってくれて、ちょっと高い石段から飛び降りては、「さくらちゃんもこうやって飛んだんだよね」と言っていたこともあります。

こうした苦悩の続く娘でしたが、ある日、偶然立ち寄った神社の境内のジャングルジムが、彼女を一変させました。このジャングルジムの一番下の鉄棒は、ちょっと伸び上がれば娘のお腹にきます。で、娘は何気なくお腹をつけてクルリと回り、憧れの「鉄棒」ができてしまったのです。このときの娘の誇らしげな、でも信じられないといった驚きを秘めた表情は、忘れることができません。「あれっ、できたね」とめいっぱい驚いてあげました。「もっかい、やってあげようか」

とやりますが、当然、何度やってもできます。こうなってはじめて、娘は余裕の笑顔になります。「ひゃーっ、すごいね」とほめちぎる私。

この後なのです。気分のよくなった娘は、「てっぺんに登るよ」と登り出しました。私も登りはじめましたが、このジャングルジムは本格的に高く、高い所が苦手な私は「こわいよー」と途中で挫折してしまいました。娘はシャカシャカと登っててっぺんにすわり、私を見下ろして、「お母ちゃん、こわいのー」と聞きます。「こわいよー、登れないよー」とこたえたときの娘のうれしそうな顔。「こわくないのー?」と聞くと、「うーん」。そこで私はさくらちゃんの名セリフを思い出して、「こわいことって、おもしろいー?」と聞きました。「ウヒャヒャヒャヒャヒャ」と、娘の笑顔はさらに輝きました。このときの娘は、さくらちゃんが飛び降りたときのあの気持ちなのだろうと私は勝手に重ねて考えていたのですが、娘のほうがどうだったのかは判然としません。後になって娘に聞いてみましたが、「エーッ覚えていないよ」でした。

ラチやさくらちゃんが強くなったのは、本人の意志と努力があったからこそです。しかし、日頃の自分とよく似た「ふがいなさ」のある登場人物は日頃の自分とよく似ていて、「感情のリアリティー」があります。ですから、「ふがいなさ」を「克服」して自分の憧れの姿になったというストーリーは、「もしかしたら、自分も……」という希望を読者に与えてくれます。自分の「ふがいなさ」をひとりで抱え、ひとりで努力するのではなく、絵本の登場人物と重ねながらいっしょに歩んでいけるのは、子どもにはどんなに幸せなことかと思います。子どもの心のなかの仲間に、ラチやさくらちゃんはじめ、たくさんの絵本の登場人物を加えてあげたいと思います。シミジミと子どもの心のなかに刻みこまれていく絵本は、そんな仲間を増やしていく絵本だといえるでしょう。

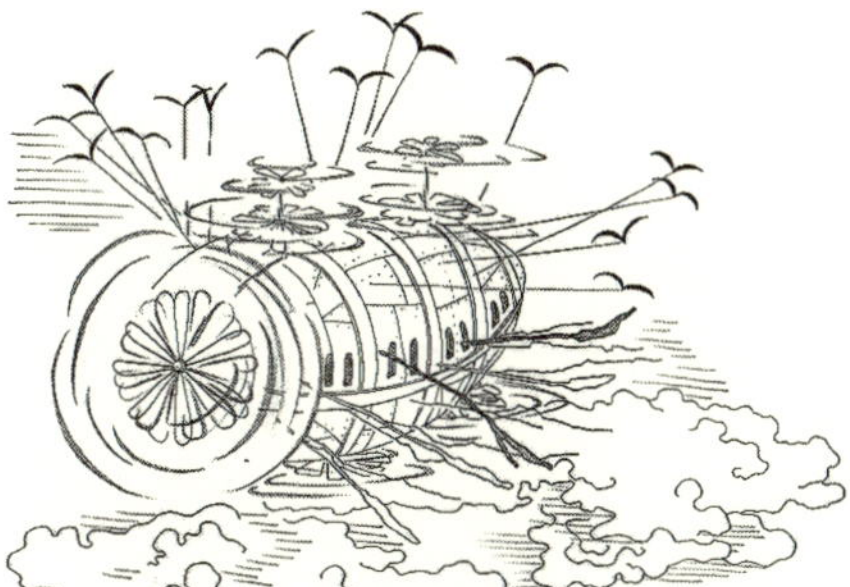

第5章

アリッコナイからおもしろい

第1節　長新太絵本の魅力

その1　「文と絵の相乗作用」と「コマ」

「長新太の絵本はおもしろいよ。とにかく子どもが笑っちゃうんだよね」と教えてくれたのは、旭川の元男性保育者、谷地元雄一さんです。この後すぐに谷地元さんは、「どうして子どもたちは（私も）長新太の『おまんじゅう』が好きなのか!?」を書かれました。（『現代と保育』二五号、ひとなる書房、一九九〇年）谷地元さんのいう「おまんじゅう」の由来は、『つみつみニャー』のあとがきに長さんが書かれた次の文にあります。

> 文と絵をひとりで書く場合、文だけ読んだり、絵だけみたりしたぶんにはどうということもないけれど、いっしょにしてみると、なんともいえない魅力がある――というのがいいのではないだろうか、とわたしはおもっています。
>
> これは、まんじゅうの皮とあんこの関係によく似ています。まんじゅうの皮だけ食べるとう

まい――あんこだけ食べるとうまい――しかし、いっしょに食べるとうまくない――これではまんじゅうとして落第でしょう。

文と絵の相乗作用が肝要なのです。文と絵が、自己主張しすぎてはいけないわけです。皮の厚さが十五センチ、あんこがバレーボールくらいの大きさのまんじゅうになっては、いくらなんでも困りますからね。

ふつうのまんじゅうを百個ほど食べてみて、皮とあんこのバランスを研究してみてから、文と絵を書くべきでしょう。わたしはまだ、三個しか食べていないので、大きなことはいえないのです。

（長新太『つみつみニャー』あかね書房、一九七四年）

文も絵も長さんがかき、「文と絵の相乗作用」がもっとも発揮できている絵本が「おまんじゅう」絵本です。長さんが力を込める「文と絵の相乗作用」は、「読み聞かせ」中心の幼児の絵本では不可欠のものです。

すでに第1章で述べましたが、「読み聞かせ」では「絵を見ながら文を聞く」のです。子どもたちは、その画面の絵を見つつ文を聞きつつ、次の画面を予想しています。子どもたちが予想し期待しているところで「ページをめくる」ことになりますから、めくった瞬間、読者は絵からたくさんの情報を得ます。読者がまず絵を見るということをよく知った読み手なら、めくった後の画面の冒頭の文をどのようなタイミングで読むか研究せざるをえません。

おいしいおまんじゅうをパクリと一口食べたときのように、子どもの口のサイズにあった皮とあんこの関係、これが子どもの絵本の「文」と「絵」にも必要です。そして絵本の場合、「文」と「絵」との関係はおのずと、「ページをめくる」意味につながっていきます。読み手からすると「めくるタイミング」、「読み出すタイミング」ということですが、作り手側からいえば「画面構成」ということでしょう。

長さんは、「漫画家は絵本以外の仕事では自分のアイディアを考えて絵をかくんですから、絵のストーリーというのは、当たり前のことなんです。絵本のストーリーというのは、いってみれば〝コマ漫画〟であって、絵本でないにしても絵の構成というのは昔からやっているわけです。ですから自作自演というのは、なんの苦もなくやれるわけですね」と語られています。（座談会「面白くて楽しいことが感動だ！」季刊『絵本』第五号、一九八二年、一〇〜一一ページ）

おいしい「文」と「絵」と「ページをめくる」の関係、それは必然的に画面構成にあらわれるわけですが、漫画のコマ割そのものだというわけです。「おまんじゅう」絵本はこの三つの関係をひとりでつくりだすのですから統一されやすいはずです。

文を書く作家と絵を描く画家が違う場合は、とてもむずかしいことのようです。『おしいれのぼうけん』（童心社、一九七四年）や前出の『ダンプえんちょう　やっつけた』は「古田足日・田畑精一作」となっていますが、文を担当した古田さんと絵を担当した田畑さんが、お二人で十分相談してつくったので、区別せずに名前を並べて「作」にしたということです。しかしその作業は

「ハアハア・フーフー」の大変な仕事だったようです。（古田足日「ハアハア・フーフーの作業」日本児童文学別冊『現代絵本研究』、ほるぷ出版、一九七四年、一二六〜一二八ページ）漫画家長新太さんならではの「おまんじゅう」の世界、いったい子どもたちはどう受けとめるのでしょう。

その２　「哲学的」側面

谷地元さんは、「おまんじゅう」絵本のおもしろさの特徴を、「『うわーっ！　でたーっ！』攻撃」「リズム攻撃」「ひとつの発想からこれでもか攻撃」「読後のニタニタ攻撃」「夜の雰囲気攻撃」「なんといってもヘンな人たち攻撃」にまとめています。そして最後にこう書かれています。

一番主張したいことは、長新太のおまんじゅうの〝笑い〟は、たんにおかしいだけの笑いではないと思うということなのです。（中略）主人公がとてもひどい災難に会うのですが、その時、〝トホホホホ……〟とつぶやく場面が多いということです。（中略）この〝トホホホホー〟をよく考えてみると、たんにひどいめにあって悲しいという側面と、そういう自分をどこか笑っている側面があると思うのです。

今の子どもは、失敗することをとても恐れ、いざ失敗すると、立ち直れない面がある、ということをよく耳にしますが、もし失敗した時、この〝トホホホホー〟に代表されるように、少しでも自分を笑える視点を持てたら、かなり救われる面があるのではないでしょうか。

子どもたちはおまんじゅうを通して、ギャハハハ笑いながら、そんな生きていくうえで重要な視点を学んでいるのではないかと思います。（中略）それほど長新太のおまんじゅうの世界は、奥が深く、哲学的ですらあります。

（『現代と保育』二五号、一五三〜一五四ページ）

谷地元さんが私に長さんの絵本のおもしろさを教えてくれたとき強調していたのは、このことでした。そして長さんの「おまんじゅう」絵本や児童文学にはたしかにそれがあるのです。

たとえば『キャベツくん』（文研出版、一九八〇年）。ブタヤマさんは、キャベツくんに《あのね、おなかがすいて　フラフラなんだ。キャベツ、おまえをたべる！》と迫ります。ところがキャベツくんに、《ぼくをたべると、　キャベツになるよ！》と言われ、鼻がキャベツのブタヤマさんが空に浮かんでいるので《ブキャ！》とびっくりしてしまいます。そしてさらに、キャベツくんに《ぼくを　たべると、こうなる》と言われてしまいます。「トホホホホー」です。

しかしブタヤマさんはすかさず、《じゃあ、○○が　きみをたべたら、どうなるんだ？》と反撃します。ところがキャベツくんに《こうなる！》言われ、毎回どこかがキャベツの、そのものが空に浮かんでいるのです。ブタヤマさんは連続「トホホホホー」状態です。

しかし、ブタヤマさんは、「エーイッ、キャベツにしてやられた！　俺の面子が立たない！　この恨みを晴らしてやる！」というように、自分の全人格をキャベツくんに否定されたといきり立ってはいないのです。「トホホホホー」なのです。

なぜ、いきり立たずに「トホホホホー」になるのでしょうか。それは、キャベツくんとブタヤマさんのやり取りそのものが、遊び気分だからなのだと思います。ジャンケンをするとき、「ちょっと待って」と両手を合わせ、その隙間の形で何を出そうとかと占ってみたり、サイコロでゲームをするとき両手にサイコロを入れて振りながら「チチーンプイプイ、ヤーッ」とおまじないをしたりする気分です。こういうおまじないは、相手がやるなら私もとお互いに徐々にエスカレートしていって、あげくにはそのやり取りのほうがおもしろくなってしまったりもします。キャベツくんとブタヤマさんのやり取りは、こういった雰囲気だと思うのです。

命をかけて、あるいは自分の名誉をかけて勝負をしているわけではないけれども、相手の反応を敏感に感じ取りながら言い合い、そのことそのものを誠実に、一生懸命に、まじめに、勝負して楽しんでいるのです。巨大なキャベツのクジラの登場にブタヤマさんは帽子を飛ばして完全にひっくり返ってしまうのですが、「俺はキャベツ以下でしかない……。ダメダ……」と落ち込んではいないのです。むしろ、「僕もよくやったけど、君もやったね！」と、キャベツくんとの何の得にもならないやり取りを、たがいに夢中になってやってしまったことに、「おもしろかったね！」とちょっと照れつつ満足しているのです。だから、ブタヤマさんはびっくりさせられっぱなしのキャベツくんに手を引かれ、よだれを流しながら安心してレストランに向えるのでしょう。

長さんの「おまんじゅう」絵本には、登場人物がその登場人物なりに「誠実に一生懸命にまじめに」やっている、それゆえにおかしいという、寅さん映画に匹敵するものがあるように思います。「トホホホホー」の哲学は、「誠実に一生懸命にまじめに」遊ぶのは楽しいよというメッセージなのだと思います。

子どもたちはこの「哲学的」側面をどう感じるのでしょうか。

その3　「ナンセンス」の復権

谷地元さんはさらに、「おまんじゅう」絵本は「奥が深く、哲学的ですらある」のに、幼児教育に携わる人をはじめおとなの評価を正当に受けていないと慨嘆し、文化のなかで「ナンセンス」や「笑い」が一段低いものとみられる現状を憂いています。

長新太さんもナンセンスがなかなか理解されないことを、次のように書かれています。

「わたしはマンガを描いておりますので、わたしの描く絵本はマンガ的なものばかりです。この種の絵本は〈ナンセンス絵本〉などといわれております。これはわたしのえがいたものですけど（笑い）『おしゃべりなたまごやき』や谷川俊太郎さんと瀬川康男さんの『ことばあそびうた』などがそうですけれど、絵を見たり、文を読んだりしているうちに、とてもおかしくて、『ホホホ』とか『プッ』とか『ハ、ハ、ハ』『ヒ、ヒ、ヒ』とかですね、おもわず笑いたくなってしまうような絵本です。（中略）

どうもお母さんのなかには、絵本というものは、いわゆる詩的で、少女歌劇か何かをみているようなウットリするくらい甘美なものがほんとうよ、と確信していらっしゃる方が多いような気がわたしはするのです。（中略）〈マンガ的絵本〉なんて、これはもう頭から信用していないわけです。絵本を見て、あるいは読んで、笑ったりするのはどうもへんだとおもってしまう。絵本はページをめくるたびに〈ああキレイねえ。まあ美しい〉と感じなければ絵本ではない、とおもっているようにわたしにはおもえます。」

（講演「ニワトリみたいに悲鳴をあげて」『こどものとも』二三八号、一九七六年）

ナンセンスが母親に理解されにくいというのは、私も思い当たります。娘が幼いとき、彼女と父親のあそびはナンセンスに満ち満ちていました。たとえば、二人でしゃべりながらよく描いていた「冷蔵庫の中」というテーマの絵では、それぞれが何かを言っては冷蔵庫の中にそのものを描き込んでいくのです。はじめは、スイカ、トマト、牛乳などと当たり前のものなのですが、やがて食べかけのチーズ、飲み残しのジュース、さらには靴だとか絵本まで登場するのです。意外なものをどちらかが言うたびに、「エーッ」と大げさに驚きゲラゲラ笑い、そしてどんどんエスカレートしていくのです。

横で聞いている私は、二人の楽しそうな様子に笑いながらも、「下品ね、イヤね」と思ってしまうのです。で、いざ、私が娘とこのあそびをしようとすると、彼女をびっくりさせる展開を思いつくのがとても難しいのです。ユーモアの感覚が鈍いなぁと思いながら、じつはユーモアというのは相当真剣に頭を使わないとできないのだと恐れ入るのです。「ちゃんと食べなさい」「もう寝なさい」と決まりを押しつける側に立ちがちな母親は、はめをはずすことが求められるナンセンスな世界が苦手なのだなと反省したものです。

一九九一年に、学生が、おとなは長新太の「おまんじゅう」絵本を好きなのかきらいなのかと、おもに女性を対象に調査しました。先の『キャベツくん』をはじめとして、『にゅー するするする』(福音館書店、一九八三年)、『はんぶんタヌキ』(こぐま社、一九八八年)、『ムニャムニャゆきのバス』(ほるぷ出版、一九九一年)、『へんてこ へんてこ』(佼成出版会、一九八八年)の五冊の「読み聞かせ」をして、絵本として好きかきらいか、その理由をこたえてもらったのです。

全体で、「好き」とこたえたのは七六・六%、「きらい」は二三・四%という結果でした。意外と好評なのでうれしかったのですが、きらいな人があげた理由は、「気味が悪い」「何も意味がないから」「荒唐無稽だから」「心に残らない」「最後が無責任」というように、やはり長さんや谷地元さんが指摘するところにありました。でもこれは、長さんの多くの絵本が絶版で書店で手に入れるのが難しかった九一年の記録です。その後、長新太コーナーもできるようになり、絶版だったものも再版され、ナンセンス絵本作家が増え、事情はずいぶん変わったはずです。

第2節　アリッコナイ世界を楽しめるのは知力の証明

冗談第一号

先に紹介したチュコフスキー氏は、一九二〇年代の旧ソ連で、子どもに空想話を与えてはいけないという極端なリアリズム教育運動が支配的ななかで、子どもには空想話が必要なのだと反論し、ナンセンスな詩や物語を創作し続けた作家です。彼の名著『二歳から五歳まで』の第四章「すばらしいナンセンス」で、子どもがナンセンスを好む理由を鮮やかに分析しています。その分析のきっかけになったのが、もうすぐ二歳になろうとしているチュコフスキー氏の娘さんの冗談だったのです。文学者だけに子どもの微妙な気持ちをよくとらえているので、同じ年頃の子どもならきっとするだろう表情が浮かんできます。

当時この子にとっては、同じ年ごろの大多数のこどもと同じように、ニワトリがコケコッコーとなき、イヌがワンワンとほえ、ネコがニャンとなくという、べつになんということもない事がらが、強烈な情緒とはりつめた知的活動の源をなしていたのでした。

これらのささやかな知識は、かの女の知性の大きな成果にひとしかったのです。ニワトリとコケコッコー、ネコとニャーン、イヌとワンワンとをしっかり結びつけたかの女は、当然のことですが、この知識を大いにほこりにして、たえずそれをひけらかしました。

これらの知識は、すべてのこどもと同じく、かの女にとっても魅力的な周囲の生物の世界を、明快に秩序だててくれました。

あるとき生後二十三か月目のかの女が、ふざけたような、こまったような顔をして、わたしのところにやってきました。なにか大へんないたずらを思いついた様子です。わたしはそれまで、こんなに複雑な表情を浮かべたかの女を、見たことがありませんでした。

ずっとむこうから、娘はこう叫びかけてきました。

「パパ、ワンワンがニャーンって！」

つまり、ワンワンとほえるかわりに、イヌがニャーンとないているという、作為的な誤報をつたえてきたわけです。それから娘は、私がこのうそっぱちをいっしょになって笑うように、けしかけるような作り笑いをしてみせました。

しかし、わたしはリアリズムに組する者ですから、こう答えました。

「ちがうよ。ワンワンはワンワンってほえるの！」

「ワンワンがニャーンって！」

かの女は笑いながらそう繰り返し、自分自身少しばかり驚いている、この異端的な思いつきにどう対処したらいいか、さぐるようにわたしの表情をうかがっていました。

わたしはかの女の遊びを受けいれることにしました。

「ニワトリもニャーンだね！」

そう言ってわたしは、かの女の知的遊戯を是認してやりました。

二つの初歩的な概念を機械的におきかえたにすぎない、単純な冗談なのに、それはピュロンの気のきいた警句でさえ及びもつかないような、感謝の笑いをもたらしました。

これは、わが家の女の子が生後二十三か月目に冗談であることをはじめて知った、冗談第一号だったのです。

娘は気まぐれに世界をひっくりかえしてみても恐くないばかりか、まちがった世界知識のとなりに正しい認識がのこってさえいれば、かえっておもしろい結果になることを知ったのです。かの女は、或る物に正反対の性質を与えるところにみそがあるユーモアの仕かけを、ありありと見たのでした。

冗談のメカニズムを知ったかの女は、動物となき声の不一致をつぎつぎに考えだして、いつまでも冗談をたのしもうとしました。

（『二歳から五歳まで』二七六～二七七ページ）

犬がニャーンとなかないことをはっきりと知っているからおかしくってしょうがないのですが、

自分の感じているおかしさを果たしておとなもおかしがってくれるのか？　このあたりの子どもの心の動きが、「ふざけたような、こまったような顔」「けしかけるような作り笑い」という表現によくあらわされています。「ニワトリもニャーンだね」の父親の一言は、彼女の考えていることや気持ちをすべて認める値千金の一言でしょう。

アリッコナイを確信するには現実の認識が不可欠

チュコフスキー氏は、「ワンワンがニャーン」式に事実をひっくり返すあそびを子どもたちが好むのは、ばかばかしいことにうつつをぬかしているのではなく、逆に確実な認識を育てることになるのだと強調しています。たとえば次のように言います。

ひっくりかえし遊び、つまり《さかさまの世界》の遊びが満足を与えるのは、物の相互関係の実体を（中略）一刻も忘れていない場合にかぎります。想像力を働かせて作りだした幻想を、信じていなければいないほど、ひっくり返し遊びはおもしろく思えます。（中略）

常軌逸脱は、常軌にたいするこどもの認識を強めます。こうしてこどもは、自分の世界認識について、さらに自信を深めることになるのです。子どもは、自分の知力を試験しているようなものなので、しかもかならずこの試験に合格します。このことによって、こどもは自尊心を強め、知力について大いに自信をもつようになります。（中略）

こどもが或る種のあたらしい概念をもてあそびはじめたのに気がついたら、それらの概念をこどもがすでに自分のものにしたと考えても、まずまちがいありますまい。ちゃんと整理された観念だけが、こどもの玩具になり得るからです。（『二歳から五歳まで』二八三〜二八八ページ）

アリッコナイという確信は、現実に対しての明確な認識があるからこそ生じるものです。子どもの経験や知識が広がって現実の認識が確かになればなるほど、アリッコナイと確信できる部分も広がっていきます。

友人の娘サッチャンは、三歳二ヶ月のときスイミング教室に通っていましたが、そこの「林田コーチ」のことを「ハヤシダコージ」という名前だと思って、家でもよく言っていたそうです。ある日、「ハヤシダコージ、カラシダコージ」と言ったあとで、「ワサビダコージ」と言ってニヤニヤ笑って友人を見たそうです。友人は、「音が似ているから『林田』から『カラシだ』を思いついて、辛いものの連想から『ワサビだ』になったんだろうけど。明らかに、ふざけてるっていう調子だったよ」と教えてくれました。

「ワサビダコージ」、これはサッチャンの冗談第一号として長く記録されることでしょう。サッチャンは、芥子田こうじも山葵田こうじも、自分が勝手につくったデタラメの名前であることはわかっているはずです。なのに、口にしてみるといかにも名前らしい。ワーイッ、大発見！　と笑いがとまらなかったのでしょう。「そんな名前はアリッコナイ」と知っていながら、言葉や音、リズムの識別ができているからこそ「創作」できるのです。

五歳児クラスの担任をしていた保育者が教えてくれたケンタくんの話も傑作です。机を片づけたいのにケンタくんが椅子からちっとも立ち上がらないので困った彼女、「アッ、根が生えたんでしょう」と何気なく言ったのです。するとケンタくんは、突然、「ウーン、抜けない。ウーン……」とやりだしたそうです。アララ、足でもはさんで本当に椅子から立ち上がれないのかと子どもたちも彼女もびっくりして駆けつけたら、絶妙のタイミングで「アッ、ヤット抜けた！」とうれしそうに笑ったのだそうです。「アーッ、嘘だったンダ！」と大笑いになったそうです。

ケンタくんは、「人間に根が生えるなんてこと、アリッコナイよ」と確信しているのです。「でも、もしも、本当に根が生えたら、おもしろいだろうねぇ」とそこまで考えて、実際に「根が生えたフリ」を演じたのでしょう。自分で意識的にやった「もしも」の世界に先生も仲間も引っかかってくれたのですから、ケンタくんは大満足でしょう。

ユーモアのセンスを磨く

ところが、子どものこうした冗談はおとなにとってはなかなかやっかいなものです。二、三歳の子どもは、食事中に「ウンチ」「オシッコ」の話題を登場させてゲラゲラ笑い合うのが好きですが、これも食べる物と食べられない物という認識が明確になり、その対比をおもしろがっている冗談、いわば「ひっくり返し」あそびのひとつです。とはいえ、いくら現実認識が明確になった証拠だと思っても、食事中に「ウンチ」「オシッコ」などとやられては、「そんなことを言うものじゃありません」と言いたくもなります。しかし、子どもの冗談におとながどのように対応するかは、子どもの将来にわたってのユーモア感覚にも関わる重大な問題なのです。

というのも、子どもが冗談を言うとき、ひっくり返しの冗談の場合はとくにそうですが、自分の思いつきが「まとも」であるかどうか、言っている当人自身は、はなはだ自信がないのではないかと思うからです。それを「なんて変なことを言うのだ」と対応されたら、「やっぱり変なことだったんだ」になってしまいます。自分の未熟さを思い知らされるだけになってしまうでしょう。

チュコフスキー氏の「ニワトリもニャーンだね」の対応はどうでしょう。子どものやったひっくり返しと同じレベルのひっくり返しをしているのです。それは、子どもの言っていることは、子どもが正しい認識をしっかりもったうえでつくりだした冗談だと認め、子どものおかしがっていることを楽しみ、いっしょにおもしろがろうねという合図です。子どもにしてみれば、自分の思いつきをわかってくれて、しかも自分と同じひっくり返しを試みていっしょに遊んでくれるのですから、断然おとなへの信頼感も増し、自分の思いつきを認められたことで自分への自信も生まれるでしょう。

食事中の「ウンチ」「オシッコ」も、「ひっくり返し」あそびとして考え、チュコフスキー流対応を生み出す必要があるかもしれません。いつもまじめな保育者がニタリとしながら言う「ひっくり返し」に、子どもたちは一瞬びっくりするかもしれませんが、大爆笑で受け入れるにちがいありません。

とはいえ、受けをねらっているだけでは困ります。質の高い冗談と場、そしておとな自身が「きまり」だけにしがみつかず、多様な見方ができるユーモアのセンスを磨くことも必要です。

第3節　『キャベツくん』大好きの五歳児クラス

五歳児クラスの子どもたちに読んだとき

「おまんじゅう」絵本『キャベツくん』のすばらしさを教えてくれたのは、私の保育研究仲間が担任している五歳児クラス二十五人の子どもたちでした。彼らは、この絵本に対するこの年齢の子どもたちの典型的なおもしろがり方をしていると思います。読み手の私が感じた部分も含めて、彼らの読み聞かせ中のようすを紹介してみましょう。

表紙。黄色の空、緑の山、青い木々のなかの道に立つキャベツくんの絵を見て、《キャベツくん》とタイトルを聞いただけで、子どもたちは笑い声をあげます。ユーモアたっぷりのおかしそうな絵本だと感じるのでしょう、もうここから子どもたちの間にやわらかい楽しい雰囲気が漂うのがわかります。読み手もこの「この絵本を選んでよかった」と感じる笑い声です。

一画面、《キャベツくんが　あるいてくると　ブタヤマさんに　あいました。》と文を読み出すと、「ブタヤマさん」のところでクックックッと笑い声がします。ニヤニヤしながら「ブタヤマ

表紙

中扉

一画面

さん？」と確認する声も飛びます。《ブタヤマさんは「フー」といいました。》と読むと、子どもたちはもっと明るくケラケラと笑います。彼らの笑い声に、「ちょっと変わった絵本だね、でもおもしろいよ」というニュアンスを感じます。

二画面、《ブタヤマさんが》で、またまた子どもたちはうれしそうに笑います。でも、《キャベツくんが「ぼくをたべると、キャベツになるよ！」と　いいました。》になると、全体の笑いはスーッと消えて、数人が余韻と期待でクックックッと笑っているだけです。この先の展開がちょっと心配といった具合なのでしょうか、なにやら緊張感が漂います。ページをめくろうとするわずかな間に、「でも、食べちゃうんだよ」という声がきわどいタイミングであがります。

三画面、ページをサッとめくると同時に《「ブキャ！」》と読むと、明るい笑い声があがります。《はなが　キャベツになっているブタヤマさんが、そらに　うかんでいます。》と読むと、さらに大笑い。おかしくてたまらないという調子で、「鼻がキャベツになっちゃうんだよ」と言う子もいます。ところが、《ブタヤマさんが「じゃあ、ヘビが　きみをたべたら、どうなるんだ？」と　ききまし

二画面

三画面

た。》と読むと、子どもたちはまたもやシーンとしてしまいます。「こんなことを聞くなんて、変だよ」と考えているのでしょうか、キャベツを食べたヘビの姿をそれぞれが思い描こうとしているのでしょうか、とにかく静まりかえったのです。《キャベツくんが「こうなる！」と　いいました。》では、一人が妙に引きつった笑い声をあげますが、他はシーン。笑った彼は、「変なヘビ」を期待したからなのでしょうか、それとも緊張感にたえられずに笑っているのでしょうか。

四画面、ページをめくると同時に《「ブキャ！」》を読んだのに、笑うのはさっきの一人だけ、それも「ウフー」という具合で大笑いではありません。ところが、《おだんごみたいな　キャベツのヘビが、そらに　うかんで、したを　ペロペロやっています。》を読むと、子どもたちはいっせいに笑い出し、大笑いになりました。絵だけではまだ安心して長新太さんの世界に身をまかせられないのだけれども、文で確認されると「アッ、そうか。なんでもいいのか」となるかのようです。そして《「じゃあ、タヌキがたべたら、どうなる？」と　ききました。》と読むと、口々に「お腹がキャベツ？」

四画面

五画面

「頭がキャベツ?」「またキャベツになるぅ〜」「キャベツゥー」と、今度はなんとも余裕たっぷりに、楽しそうに、競って言い出します。「ナンデモアリなんだ」とわかってきて、安心して楽しめるようになったのかもしれません。

五画面、ページをめくってお腹がキャベツのタヌキを見たとたん、《「ブキャッ!」》を読むより早く、もしくは同時に「ブキャー」「アッ、言ったとおりだ!」と叫び、大爆笑です。《おなかが　キャベツになっている　タヌキが、そらに　うかんでいます。》と読むと、はじけるように笑い出し、うれしそうに「なんか、破裂しそう!」と言う子もいます。この気分が終わらぬうちに、《「じゃあ、ゴリラがたべたら?」》と読むと、ここでも大笑い。そして「またキャベツ!」というおかしそうな声もあがります。

六画面、ゴリラの絵が出たとたん、「ブキャー」の大合唱、そして大爆笑です。「お腹と背中がキャベツゥー」と笑いころげます。《キャベツのゴリラが、そらに　うかんでいます。》と読むと、またまた大笑い。「でも、立っているじゃないか!」と楽しそうな反論があがります。「誰かみたいね」なんていう子もいます。《「じゃあ、カ

六画面

七画面

エルがたべたら？」》で、大笑い。《「こうなる！」と　いいました。》でも大笑い。笑いながら、「またキャベツ！　おもしろいねぇ」「またキャベツ！」なんて予想もでます。どうやら、長さんの世界にはまってしまったようです。

七画面、三匹のカエルがとんでいる絵を見て、またまた大爆笑です。《「じゃあ、ライオンがたべたら？」》と読むと、「エッ」「あらよっ」とライオンの設定には驚くものの、すぐに「またキャベツになっちゃうぅー」「キャベツ……」「キャベツのお腹だよ」と口々にうれしそうに言い合います。が、《キャベツくんが「こうなる！」と　いいました。》と読み終わったところで、一人の子がボソリと「お腹じゃないよ」と言います。

八画面、ライオンの絵を見たとたん「ブキャ！」の大合唱です。キャベツになったライオンの顔やびっくりしているブタヤマさんに注目して、「あっ、太陽だ、太陽」「あっ、こいつ見て！」「太陽だ、太陽。」「ネッネッ、帽子がさ、ロケットみたいにピューンって……」「これ、太陽、太陽。」「太陽みたい、顔が……」と大騒ぎです。ようやく《キャベツのかおをした　ライオンが、そらに　うかんで、ほ

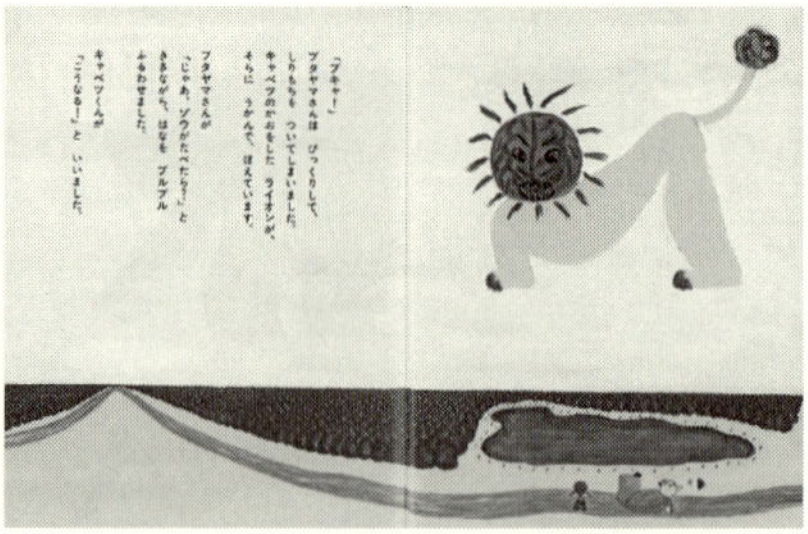

八画面

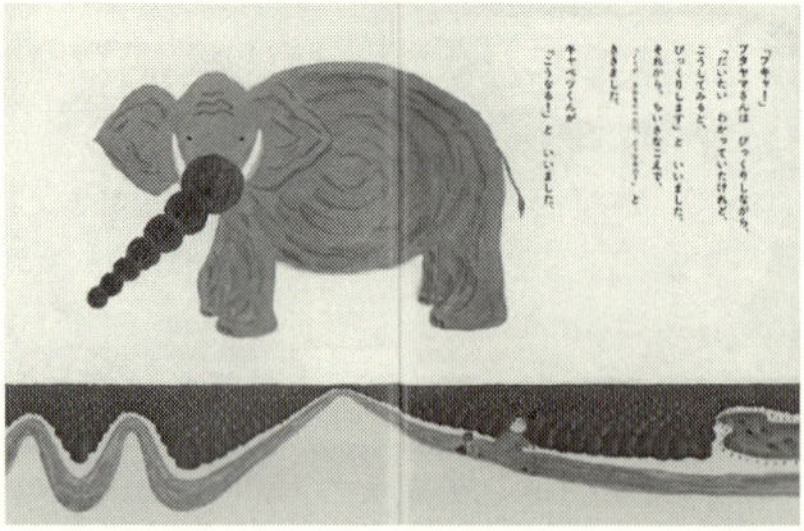

九画面

えています。》と読むと、待ってましたとばかりに大笑いします。「ガワワーンって?」と解説まで入ります。《ブタヤマさんが「じゃあ、ゾウがたべたら?」》では「ワッ、エッエ〜」と驚き、《はなを　ブルブル　ふるわせました。》まで読むと、「足が大きいんだよ」とソッと言う子がいます。これは翻訳すると「足がキャベツで、それもゾウだから大きいんだよ」でしょう。他の子どもたちも確信もって予想できないらしく、競い合って言う雰囲気ではありません。

九画面、ゾウの絵が出たとたん、待ってましたとばかりにいっせいに大笑い。「アッ、またキャベツだぁー」と笑いころげ、興奮はたいへんなものです。「足が大きいんだよ」の予想を聞きながら、どの子もそうかなと考えていたのでしょうか。「鼻がキャベツか?」「耳がキャベツか?」などと考えながらも、自信をもって言えるほどではなかったのかもしれません。自信のない予想が当たったからなのか、予想が外れたからなのか、とにかくここでの笑い方と興奮は今までのものとは違うのです。次の《それから、ちいさなこえで、「ノミが　きみをたべたら、どうなるの?」と　ききました。》では、子どもたちはシーンとしてしまいます。「小さい声で」の形容に加え、

十画面

十一画面

この部分のブタヤマさんのセリフは小さな活字で書かれているので、読み手としてはかなり声を潜めて読まざるをえません。そこで子どもたちは、ノミはどうやら小さい動物らしいゾとは気づくようですが、ノミなるものをはっきりと知らないためにとまどっているようです。

十画面、開いて《「ブキャ!」》と読んだのに、子どもたちはシーンとして声がありません。驚いた子どもが「何にもないよ」「何にもなってないじゃない!」と言うと、《そらには　なにも　みえません。》の文。「なのに、驚いてるぅ～（帽子を飛ばしてのけぞっているブタヤマさんの絵を見て）」と子どもが言うと、《そらだけです。》の文。子どもが「空だけぇー?」「どうして～?」と言うと、《キャベツくんが「ノミは　ちいさいので　みえません」と　いいました。》と続きます。そうなのかと納得したからでしょうか、それともそんなものかと思ったからなのでしょうか、子どもたちはこれ以上何も言いません。

この部分は、読んでいるとおかしくてしかたないところです。子どもたちの疑問と長さんの文の進み具合が、問答になっているので

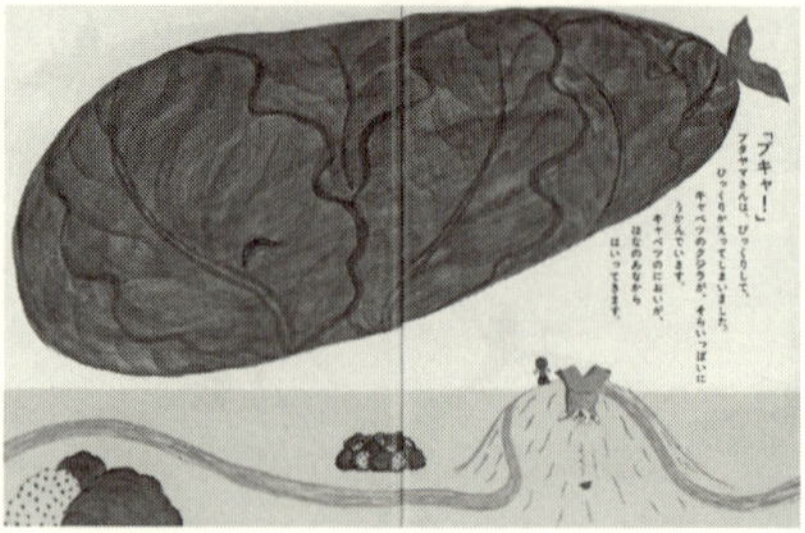

十二画面

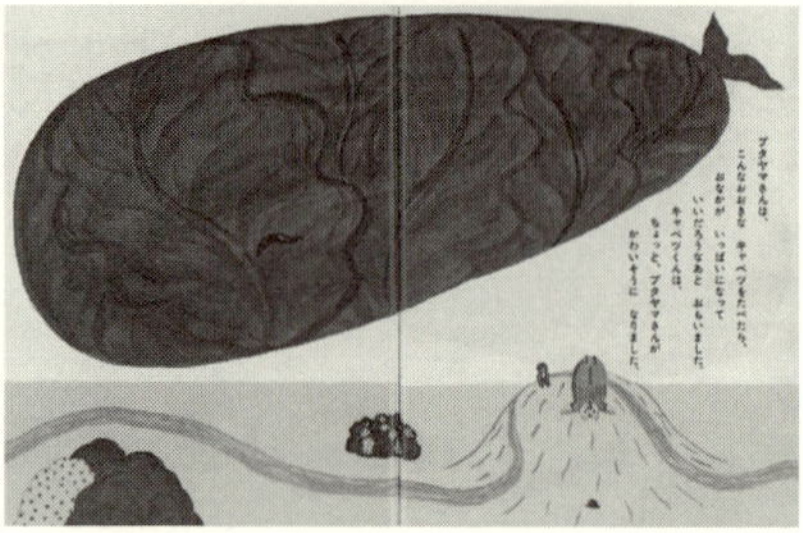

十三画面

す。絵本の文末の「。」でちょっと息を継ぐわずかな間に子どもが疑問を言い、読み出す次の文が子どものその疑問に対するこたえという具合なのです。絶妙な掛け合いになるのです。長さんは、絵と文とを作りながら、ここを読んでもらっているときの子どもたちの表情や、心の動きを想像して楽しんでいるのだろうなぁと思わされます。

十二画面はこれまでの展開と一変します。十画面の文は、毎回続いた「○○が食べたら？」がないまま終わっているので、どこかがキャベツになっている○○の絵がありません。キャベツくんとブタヤマさんと空だけの絵です。シーンとしたまま《くさの　においが、ブタヤマさんと　キャベツくんを　つつみます。ブタヤマさんが「じゃあ、クジラが　きみをたべたら、どうなる？」》と文が始まります。「クジラ」と聞いたとたん、子どもたちは「エエ～」「ワァ～」「なくなっちゃう、キャベツくん」「キャベツくん、なくなっちゃう」と騒然とします。《キャベツくんが「こうなる！」と　いいました。》の途中から、「全部食べちゃったりして……」「食べちゃう……」「キャベツ食べちゃう！」と緊迫した声が飛びかいます。自分自

十四画面

裏表紙「おしまい」

身の予想を思わず口にし、仲間の言っていることを聞き、「キャベツくんはクジラに食べられてしまうのか！」と驚き、あらためて「それじゃあ大変なことになっちゃう！」と気づいたかのような不思議な雰囲気です。騒然としているのに、「うるさい」とか「ちがうよ」とかの反論も出ません。「キャベツくんがクジラに食べられてしまう！　大変だ！」はどの子にも共通した気持ちなのでしょうか。

十二画面、空いっぱいに広がる巨大なキャベツのクジラと、帽子を飛ばしひっくり返っているブタヤマさんの絵。この絵を開くと同時に、子どもたちは「ブキャァ！」といっせいに大声で叫び、明るく朗らかな大爆笑が続きます。「ブタヤマさん、ウ～ンって……」「キャベツがいっぱいついている！」「デ～ッケェー」「この本おもしろ～い！」と大喜び、大興奮です。立ち上がったり、ずっこけポーズをとったり、隣の子と笑い合ったり、部屋中が明るい声でいっぱいになりました。

十三画面は、《ブタヤマさんは、こんなおおきな　キャベツをたべたら、おなかが　いっぱいになって　いいだろうなあと　おもいました。キャベツくんは、ちょっと、ブタヤマさんが、かわいそうに、なりました。》と文が続きます。

十四画面は、《ブタヤマさんは、もう　なにも　いいません。キャベツくんが「むこうに　おいしいレストランが　あるから、なにか　ごちそうしてあげるよ」と　いいました。ブタヤマさんの　よだれが　かぜにのって、やわらかく　ながれていきました。》の文です。

そして絵本を閉じて「おしまい」と読みました。

十三画面から絵本を閉じて裏表紙を見せるまでの間、子どもたちは「エククッ」と思わず出てしまうかすかな笑い声を除いては何も言いません。でもどの子の顔にも笑いがいっぱい。キラキラしたニコニコしたおかしそうな顔で読み手の私を見ています。これまでの興奮の余韻を楽しんでいるかのようでした。

絵本を読み終わると、ドッと絵本に駆け寄って、押し合いへしあいしながら「おもしろいねぇ」と絵本を囲んで見ていました。

アリッコナイからおもしろい

この五歳児クラス二十五人は『キャベツくん』の何をおもしろがっているのでしょう。

ひとつは、アリッコナイことが次つぎと起きてしまうからおもしろいということです。子どもたちは、「キャベツくん」というタイトルで笑い、「ブタヤマさん」という名前で笑いました。アリッコナイからおかしかったのです。彼らは「キャベツくん」や「ブタヤマさん」という呼び方がアリッコナイと知っているのに、堂々と「知識の源」である絵本のタイトルになり、文にまで出てくるのでおかしくて笑っちゃうのです。

「アリッコナイという確信は、現実に対しての明確な認識があるからこそ生じる」と先に述べましたが、まさにこれです。五歳児クラスの子どもたちは、友だちやおとなとの関わりのなかでたくさんの「○○ヤマさん」という呼び名に出会い、「○○ヤマ」という苗字をかなり知っています。たとえば、オオヤマ、ナカヤマ、コヤマといった苗字の人は、彼らの知り合いにも現実にいるはずです。でも、ブタヤマなんて、今まで一度も聞いたことがありません。ネコヤマ、ゾウヤマ、サルヤマだって聞いたことがありません。動物の名称に気軽にヤマをくっつけた苗字など、現実にはありえないだろうことを知っています。なのに、ここでは存在しているから笑えるのです。しかも、野菜や動物なのに、人間のおとなにするみたいな敬称をつけて呼んでいるのですから。

この絵本を三歳児クラスに読んでも、キャベツくんやブタヤマさんのところであまり笑ってくれません。この年齢では、世のなかには自分の知らないことがいっぱいあるので、アレッと思うことも「フーン、そういうものなのか」と受け入れざるをえないからかもしれません。ただ、三歳児クラスの子どもでも、「○○さん」というおとなの敬称がついているところはアリッコナイとわかっているので、そこはかなりおかしいようです。以前、三歳児クラスの子どもと「○○さんごっこ」をして笑いころげたことがあります。その幼稚園では、子どもたちは私のことを「田代さん」と親しく呼んでくれていました。ある日、「あのねー、田代さーん」と三歳児が呼んだので、「なぁーに、伊豆さーん」と調子を合わせてこたえたのです。いつもは、さおちゃんと名前で呼んでいるのですが、このときは何気なく出てしまったのです。しかしこれが受けました。さおちゃんはゲラゲラ笑いが止まらず、何度も何度も「あのねー、田代さん」をくり返すので、私も律儀に「なぁーに、伊豆さーん」でこたえました。この様子を見ていたクラス仲間も次つぎに加わり、それから当分は名前ではなく「○○さん」と呼ばないと許してはもらえないということがありました。こうしたアリッコナイを楽しむのは、三歳児クラスでも可能なのでしょう。

ついでながら、ブタヤマさんが「フー」と言うのもおかしいようです。別の子どもたちに読み聞かせたとき、「ブタはブーだもんね」と言っていましたが、ブタが「フー」となくのはアリッコナイのでしょうね。でもこの「フー」は、ブタヤマさんがあまりに空腹でもらしたため息だと、私は思うのですが。

長さんとの楽しい知恵比べ

この絵本は、ブタヤマさんが「○○が食べたらどうなるの？」とキャベツくんに聞き、キャベツくんが「こうなる」とこたえ、ページをめくると「こうなった」絵があらわれるという構成になっています。「絵」と「文」と「ページをめくる」の三つの要素がじつにみごとに組み合わされています。ページをめくってはじめてどうなったのかがわかるというパターンのくり返しのため、五歳児クラスの子どもたちは、途中からどうなるかを予想しだしました。

彼らの予想は**表2**のようになっています。

この表の「次の『こうなった』画面」というのは、キャベツくんが決めたものではありません。

表2　『キャベツくん』の展開と五歳児クラス児の予想の対照表

「○○がきみを食べると」の○○	五歳児クラス児の予想	次の「こうなった」画面	当たりかはずれか
ブタヤマさん	でも、食べちゃうんだよ。	鼻がキャベツのブタヤマさん	×
ヘビ	（予想なし）	胴に三つのキャベツが並んだヘビ	−
タヌキ	お腹がキャベツ 頭がキャベツ またキャベツ	お腹がキャベツのタヌキ	○ × △
ゴリラ	またキャベツ	お腹と背中（胴）がキャベツのゴリラ	△
カエル	またキャベツ	胴がキャベツの三匹のカエル	△
ライオン	またキャベツ お腹がキャベツ お腹じゃない	顔がキャベツのライオン	△ × ○
ゾウ	足が大きいんだよ	鼻にズラリとキャベツが並ぶゾウ	×
ノミ	（予想なし）	無	−
クジラ	なくなっちゃう 全部食べちゃったりして 食べちゃう	身体全体（尻尾は除く）がキャベツのクジラ	×

この絵本をつくった長新太さんが、読者のさまざまな反応を予測しながら決められたものです。ですから、長さんの巧みな絵本構成につられ、子どもたちは長さんの術中にはまったともいえます。けれども見方を変えれば、子どもたちは恐れ多くも長さんに、対等にアイディア勝負、知恵比べを挑もうと挑戦状を突きつけたということになります。

はたして、挑戦状を突きつけた子どもたちの予想は、めちゃくちゃでも当てずっぽうでもありませんでした。ちゃんと仮説を立てて推論し対決していたのです。

このことは、子どもたちに読み聞かせたときには気づきませんでした。ところが、他の子どもたちの記録や『キャベツくん』に魅了された学生による読み聞かせの記録が集まるにつれ、オヤッと思いました。クジラの予想が、ほとんど「なくなるよ」「なくなる、なくなる」「いなくなっちゃう」だったからです。そしてありがたいことに、別の五歳児クラスの二人の子どもたちは、「クジラは大きいもんで、キャベツを丸呑みするんな」「エーッ！」「なくなっちゃう！　だって大きいもん」とはっきりと理由を述べながら言い合っていました。先の子どもたちの「なくなっちゃう」「食べちゃう」と同じ発想です。どうやらこの年齢の子どもたちは、「クジラは大きいから、本当にキャベツくんを食べてしまう」という予想を、共通して考え出す可能性が高いと言えそうです。

ところが、この部分についてのおとなの予想を集めてみると、潮吹きの軌跡がキャベツとか尻尾がキャベツ、すご－く大きな身体中キャベツのクジラというもので、「キャベツを丸呑みにして食べる」などとこたえた例はないのです。おとなにそう考えた理由を聞くと「だって、いかにもクジラというのはそこだと思うから……」とこたえます。子どもの予想の論理はおとなの論理とは違っているらしいのです。

子どもとおとなの論理の違いを証明するには、五歳児クラスの子どもたちの予想とおとなの予想とが、大きくずれているところを見つける必要があります。それは、ゾウの予想でした。おとなは、圧倒的に「鼻がキャベツ」と予想します。ですから、結果がわかった九画面の、《ブタヤマさんは　びっくりしながら、「だいたい　わかっていたけれど、こうしてみると、びっくりします」といいました。》はおとなにはうけます。ところが、五歳児クラスの子どもの予想を見ると、おとなと同じように「ゾウだったら鼻だよ。長いもん」と「鼻」と予想する例と、それ以外の身体の部位を上げる子どもの例が半々なのです。鼻以外の部位としてあがるのは、先の子どもたちのように「足」と、「ゾウが食べたら、耳がキャベツになっちゃうかもしれないネ」という「耳」があります。

なぜ、子どもたちは「足」や「耳」を予想するのでしょう。じつは、はじめてこの絵本を読んだとき、私がゾウのところで予想したのは「耳」でした。「鼻なんてあまりにも月並みだし。鼻以外でゾウらしいところはどこかなぁ」という理由の「耳」でした。子どももこんな考え方をするのかなあと疑問に思いながら記録を見ていると、別の五歳児クラス三人が、ゴリラの予想で、「ゴリラは頭だよ、きっと」「違うよ、お腹だよ」「お腹はさっきなったから違うよ」と言い合っているのを発見しました。

「さっきなったから違う」、少なくとも私は、この論理をまったく使いませんでした。私が使った論理は、「その動物の、もっとも特徴的な身体の部位がキャベツになる」だけです。それひとつで、最初から最後まで予想し続けました。先の五歳児クラスの例でも、ライオンの予想で、「お腹がキャベツ」に対して「お腹じゃないよ」と言っていましたが、あの意味も、「お腹はタヌキのときにもうなった、さっきなったから違うよ」かもしれません。この年齢の子どもたちは、「○○が食べたら？」のくり返しを、単純なくり返しとしてではなく、長さんが次にどのようなアイディアで自分たちに向かってくるか、そのアイディア勝負、知恵比べの挑戦として受けとめ、真剣に向き合っているようです。なんとかして長さんのアイディアと同じ予想になるように、つまり

「当たり」になるようにと、長さんの出方を推論する仮説をつくり、長さんの出方しだいでは仮説を大胆に組み立てなおしているらしいのです。そこで最後のクジラで、おとなとまったく違う予想をすると考えられるのです。

アリッコナイからナンデモアリ

ブタヤマさんの「〇〇が食べたら?」とキャベツくんの「こうなる!」は、長さんの子どもたちへの挑戦です。子どもたちは仮説を立てて「こうじゃないか」と予想しますが、さすが長さん、子どもたちの予想を察してさらにその裏をかくのです。『キャベツくん』のなかでの丁丁発止の勝負で、先の五歳児クラスの子どもたちが使った仮説は、次のように組み立てなおされたと考えられます。**表2**を手がかりにして下さい。

子どもたちはまず、その動物らしいもっとも特徴的な身体の部分がキャベツになるという、「特徴的部位仮説」によって予想します。タヌキのところでこの仮説を使いはじめ、予想は当たったのでこの仮説は強化されます。その後、ゴリラでは予想が出ませんが、おそらく頭のなかでは「ゴリラらしい身体ってどこだっけ」と考えていると思われるので、胴体がキャベツのゴリラを見てこの仮説は再び強化されます。カエルではやはり予想が出ませんが、この仮説にしたがってカエルの特徴的部位を思い描いているはずです。さて長さんは、ここは「胴がキャベツの三匹のカエル」で応じます。子どもたちはここで大爆笑しているのですが、これまでの一匹だけのパターンとは違う長さんの出方が予想外だったからかもしれません。もしそうなら、仮説の修正の必要性を感じているでしょう。

直後のライオンの予想で、「キャベツのお腹だよ」に対して「お腹じゃないよ」の声があがりました。これは新しい仮説の萌芽と思えます。すなわち、その動物らしいもっとも特徴的な身体の部分に加え、すでにキャベツになった身体の部分は除くというもので、「新しい特徴的部位仮説」です。顔がキャベツのライオンだったので、「新しい特徴的部位仮説」は強化されます。つぎのゾウの予想は、強化された新仮説によって「足が大きいんだよ」ということになりました。ところが長さんは、鼻にズラリとキャベツが並ぶゾウにして、以前の「特徴的部位仮説」に戻り、子どもたちの新仮説ではダメだとばかりに負の強化を与えました。しかし子どもたちは、「間違えた」「私の考え方が否定された」などと落ち込むことも長さんを恨むこともなく、逆に笑いころげ、あたかも長さんの変幻自在な戦術をほめたたえるかのようです。

続くノミ、子どもたちは無言です。より高次の仮説がみつからないためなのか、それとも単にノミという生物を知らないためなのか。おそらく後者でしょうが。ここで長さんは、「無」でこたえます。何が起きたかわからない状態の子どもたちはシーンと静まり返っていますが、長さんはこうした子どもたちの疑問にこたえるように、《ちいさいので　みえません。》と教えてくれます。子どもたちは、これまでの仮説が通用しない展開であることを察知し、長さんが今や「小さいから見えない仮説」を使っているのだろうと考えます。

いよいよ長さんは、クジラならどうなるかと迫ります。子どもたちは簡単に降参したりはしません。「特徴的部位仮説」や「新しい特徴的部位仮説」、「小さいから見えない仮説」をも統合する、新しい仮説を考え出しました。それが、「大きいからキャベツくんを食べてしまう仮説」です。この仮説を五歳児クラスの子ども流に表現すると、「なくなっちゃう」「食べちゃう」「全部食べちゃったりして」というわけです。

ふつうおとなはこんなに一生懸命に仮説を立てたりはしません。少なくともゾウまでは、「特徴的部位仮説」だけで押し通そうとします。ですから「鼻がキャベツ」のゾウを見ても、「やっぱりね」で終わってしまいます。ノミやクジラにいたっては、「やられた」とか「さすが長新太さんだ」程度にしか驚かないのです。なかには「また同じ質問? 飽きてきた」なんていう人もいるくらいです。でも、子どもたちは誠実に一生懸命にまじめに、脳味噌をフル回転しているのです。なぜ、この年齢の子どもたちはアリッコナイと確信できるナンセンスな話を、こんな論理的な仮説を立ててまで考えようとするのでしょう。

その秘密は、現実には「アリッコナイ」ナンセンスでは「ナンデモアリ」、というところにあります。現実にはありえない世界のことですから、どんなことを考えてもかまわないのです。発想は無限にあるのです。だから子どもたちは「こうなる!」ときの状態を、思いつくままに自由に予想できるのです。はじめのうちは恐る恐る自信なげに予想していますが、ナンデモアリだとわかると子どもたちは気楽に予想しだします。

ならば、かなり奇抜な、それこそ荒唐無稽な予想をしてもいいのですが、子どもたちは仮説を立て論理的に予想しようとします。それは、子どもたちが長さんとの知恵比べを楽しもうとしているからです。長さんの出方に対して、子どもたちは屈服しまいと対等にやり合っているのです。子どもたちはたっぷりと脳ミソをフル回転して考えました。長さんと子どもたちは、キャベツくんとブタヤマさんのように、やり合いました。びっくりし続けた子どもたちは、ブタヤマさんのように「トホホホホー」状態でしょう。と同時に、長さんと子どもたちは真剣に相手とたたかい終わり、「いやあよくやった」とたがいに肩をたたき合い、楽しかったねと言い合える対等な関係にいるのでしょう。大いに満足した子どもたちは、自分の予想よりもっとおもしろいことを考えた長さんにも感心しているでしょう。

谷地元さんは、『キャベツくん』を何度も読んだ子どもたちのおもしろい記録を書いています。

あるとき怪獣ごっこをしている男の子たちがいました。怪獣役の子が〝おまえたちをたべる！ギャーオー！〟と追いかけ、一人の子を追い詰めました。その時追い詰められた子が顔を少々引きつらせながら、言ったのが、〝ぼくをたべるとキャベツになるよ〟だったのです。私は、すごくおかしいのをこらえて、見守っていると、怪獣役の子も〝じゃーカレーライスがたべたらー〟〝ちきゅうがたべたらー〟〝そらがたべたらー〟……と、とてつもなく大きい物を次つぎに言い出したのです。

とっさに出てくる言葉にしては、できすぎなので、後で聞いてみると、やはり彼は、キャベツくんのその後を自分なりに考えていることがわかりました。この子に代表されるようにほんとうに長新太のおまんじゅうのどれを見ても、読んだ後に自分の中で、いろいろ空想できる楽しみがあります。物語の終わりが、自分の空想の中でもう一つの話をつくっていく始まりになる終わり方をしていることが多いのです。これこそ〝ネバーエンディング・ストーリーの定理〟とでも言いましょうか。

（『現代と保育』二五号、一五一ページ）

ナンデモアリだからこそ自由に発想できることでしょう。大きな空と遠く広がる地平線の広い広いところでのキャベツくんとブタヤマさんの言い合いっこ、本当は、長さんと子どもたちの言い合いっこだったのです。

『キャベツくん』のカバーの袖に、長さんの「作者のことば」が載っています。

せまいまちにすんでいるせいか、ぼくは、ひろいところがだいすきです。
ちへいせんのみえるところとか、うみやそらが、いっぺんにみえるところが、だいすきです。
ひろいひろいそらをみていると、いろいろなものがみえてきます。ブタヤマさんは、おなかがペコペコなので、このえほんにでてくるようなものがみえたのです。
おなかがいっぱいだったら、ブタヤマさんはなにをみたかしら。ぼくは、ひろいひろいそらをみて、いろいろなことを、かんがえます。からだのなかが、どんどんひろくなっていくのがわかります。そうして、やさしいきもちになっていきます。

『キャベツくん』の黄色と青、空と山を思い描きながら「もしかしたら……」と続きを考えるとき、子どものまわりの時間は、ゆったりと流れるのではないでしょうか。「アリッコナイ」ナンセンスの世界は、子どもに夢と希望をふくらませる世界なのです。

第4節　夢？　それともホント？

夢派とホント派

第4章第3節で述べましたが、「ラチのライオン」や「さくらちゃん」の存在を「ホントにいたらいいだろうな」「ホントかもしれない」と考えたとき、その存在は子どもたちの「希望」になり、自分の今に折り合いをつけつつ自分の未来への可能性を信じることができるといえます。

ところが、絵本『ラチとらいおん』を読んだとき、小さな赤いライオンなんて「ありえない」、「そんなの夢さ」と言ってしまって、「いたらいいのにねぇ」というみんなの気分を台無しにしてしまう子どももがいます。現実の出来事と想像上の出来事とを区別するための根拠として、子どもたちはわりと簡単に「夢」をもちだし、現実ではありえない話を「夢」として片づけようとします。五歳児クラスにもなるとよく言います。さもわかっているという調子で子どもに「夢さ」と言われると、そりゃそうかもしれないけれど、そんなさめた見方をしないで「もし、本当だったらいいねぇ」と楽しんでほしいと抵抗感をもってしまいます。

こんな、抵抗感に衝撃を与える絵本がありました。第3章でも紹介した絵本『かいじゅうたちのいるところ』です。

四歳児クラスの子どもたちにこの絵本を読みました。「もう一回読んで」と言うので続けて読んだ二回目のときでした。読み終わったとき、マックスが怪獣の島に行ったことを指して、すみこ「夢だったのか……」、けん「夢じゃないよ」、ゆみ「夢みてたの！」、そうや「ちがうよ！」と言い合いになりました。すみこちゃんの言葉に「あっ、始まったぞ」と期待したのですが、それ以上は話が広がりませんでした。

ところが五歳児クラスでは、夢か本当かで大論争になったのです。二回目を読み終わったとき、かつのり「あれ夢だったんだよ」、もとこ「ちがうよ、本当だよ、本当だよぉ」、きょうこ「夢じゃないよ」とかなり力のこもった言い合いになったのですが、そのときはそれで終わってしまいました。

ところが、数日後に三回目の読み聞かせをしたとき、終わったとたんに、またまたすごい言い合いが始まったのです。

かつのり「夢だったんだよ」
みさき「夢じゃないもん！」
めぐみ「夢じゃない！」
かつのり「あれ、夢だもん！」

めぐみ「夢じゃないもん！」
もとこ「また戻ってきたんだもん！」
めぐみ「だって、朝だったもん！」
みさき「夢じゃない！」
ともこ「夕ごはんだから。朝ごはんじゃない。」
と、子どもたちは夢派とホント派に分かれ、それぞれの判断の根拠をもちだして自説を主張し、そう簡単に引き下がろうとはしないのです。しかも、夢だと主張する子どものほうが少ないのもこうした話ではめずらしいことです。私自身はマックスがうたた寝をして夢を見ていたのだと考えていましたが、「夢じゃないよ」と口を尖らせて力説している子どもたちがほとんどなので、その理由を聞きたくて「どっちなんだろうね、不思議ねえ」と言っておもしろがっていました。なかなか決着がつきません。そろそろ切りあげようかなと思いました。

センダックの絵の不思議

そのときです。私から絵本を取り上げてパラパラとめくっていたホント派のみさきちゃんが、大発見をしたのです。
みさき「夢じゃないよ！　月を見てごらんよ！　はじめは、ほら、三日月だったのに、最後はまんまるになっている。夢じゃないよ！」

「夢じゃないよ！　月を見てごらんよ！」（みさきちゃんの発見）

たしかに、彼女の示すとおり、マックスが閉じ込められたときの寝室の窓の月は三日月です。ところが、マックスが戻ってきたときの寝室の窓の月は満月なのです！

月の満ち欠けの形が日数の経過を示していることは子どもたちはよく知っています。それだけに、三日月から満月への変化は、マックスが実際に何日もかかって怪獣のいる島へ出かけた「動かぬ証拠」なのです。これには、ホント派の子どもも、夢派の子どもも、そしてもちろん私も、「ほんとだ……」と、しばし言葉もありませんでした。夢派はもちろん、ホント派も、あらためて知った不思議な不思議なセンダックの世界です。

「夢じゃない」と主張した五歳児クラスの子どもたちは、マックスの寝室に木が生え、波が押し寄せたことが現実のことだと言っているわけではなく、絵本のなかの想像上の出来事だから多少不思議なことがあっても当たり前だと考えているのだと思います。クマやウサギが言葉を話したり、おじいさんの手袋の中にぎゅうぎゅう詰めに入ることができるのとまったく同じように、絵本の世界では当たり前のことなのです。だから現実にはありえないことではあっても、絵本の登場人物のマックスなら体験できたこと、すなわち「夢じゃない」のだと考えているのだと思います。それにもかかわらず、この絵本には現実の時の経過を示す月の変化がわざわざ描かれているのですから、絵本の出来事がいかにも「本当らしい」ことに対してあらためて驚いてしまったのだと思います。

一方、「夢だ」と主張する子どもたちは、寝室に木が生えだす不思議さをただ「想像上のこと」ととらえてはいないのです。マックスの体験を、自分も体験できることとして、現実の論理で説明しようとしています。現実生活で不思議な体験をすることが可能なのは、「夢」だからです。ところが、みさきちゃんの大発見で、夢をみていただけのわずかな時間の出来事だったはずなのに、月が三日月から満月へと変化するほど、何日もの長い時間経過していたことがわかったのです。驚くのも無理はありません。

『かいじゅうたちのいるところ』は、簡単に「夢だ」と言ってしまう子どもたちに衝撃を与えることができる絵本のようです。

「感情のリアリティー」を感じるときと感じないとき

ところで、私自身は簡単に「マックスが夢をみた話」として片づけてしまっているのに、子どもが「夢だ」というとなぜ抵抗感があるのか、このことを考えているうちに気づいたのは、そんな私でも物語によっては「夢の話」だと簡単に片づけてはいないということでした。たとえば、『ナルニア国物語』（Ｃ・Ｓ・ルイス作、瀬田貞二訳、岩波書店、一九六六年）の衣装ダンスや『ゲド戦記』（ル＝グヴィン作、清水真砂子訳、岩波書店、一九七六年）の影との闘い、『真夜中のトム』（フィリパ・ピアス作、高杉一郎訳、岩波少年少女文庫、一九七五年）の時計の不思議さは、現実にはありえない想像上のことだと知ってはいるのだけれど、登場人物と一体になって、自分自身があたかもそれらの不思議な体験をするような気がして、夢中になって読んでしまいます。

これらの物語の登場人物自身がその不思議な体験に驚き迷う感情を、真実のものとして認めているのです。登場人物に「感情のリアリティー」があるのです。夢ではなく、まさに登場人物が体験しているのだと感じ、「もしもこれが自分だったら……」と、登場人物とともに不思議な体験をするのがおもしろいのです。だからこそ、おとなにも読ませうる巧みな構成のファンタジーだと評価されるのでしょう。ありえない想像上の出来事と知りながら、「感情のリアリティー」が揺るがないのです。そして、想像の部分は、現実を象徴的に示しているのではないかと考えたりさえして、なんとか現実と関わらせようとまでしてしまうのです。ところが、『かいじゅうたちのいるところ』を読んだときは、マックスの感情などまったく考えず、マックスの体験に心を踊らせることもしていなかったのです。「感情のリアリティー」を感じていなかったのです。

センダックはこの絵本の怪獣たちは、幼いころ家に来た親類のおじ、おばたちをモデルにしたと、次のように述べています。

彼らは、ほとんど日曜日ごとにやってきました。そしてわたしは、つぎの日曜日にまた彼らがやってくることを考えて、一週間悩んだものです。わたしの母は、彼らのために料理をしました。子どものわたしの目には、彼らがわが家の食料をたべつくしてしまうように思いました。わたしたちは、これらのおじ、おば、そして彼らが引きつれてきたいとこたちのために、よそいきの服をきせられ、家具にはみにくいプラスチックのカバーがかぶせられました。親類のものたちときたら、子どもたちとおしゃべりするのが、まぬけかと思われるほど下手でした。わたしがどうしようもなくて、台所のいすにすわっていると、そこへきて、ねこなで声で何かいい、ほっぺたを、ちょいとつねるのです。あるいは、きたない歯と鼻毛ののびた鼻を近づけて、「たべちゃいたいくらいにかわいいねえ!」なんて恐ろしいことをいうのです。わたしの母が、さっさと料理をはじめなければ、彼らは自分たちではじめたでしょうね。

（セルマ・G・レインズ著、渡辺茂男訳『センダックの世界』岩波書店、一九八二年、八八ページ）

またコールデコット賞の受賞スピーチでは次のように述べています。

子どもたちは、ごく幼いときから、自分を苦しめる感情と馴れ親しんで生きているということと、恐れや心配は、彼らの日常生活に本来ある要素だということ、そして、いつでも彼らなりに、できる限りフラストレーションに耐えている、という事実です。そして子どもたちは、ファンタジーを通じてカタルシスを達成します。かいぶつたちを手なづけるために、子どもたちがもっている最高の手段です。

（『センダックの世界』一〇七ページ）

センダックがこの絵本をつくったときのこうした思いを読んで、センダックが無意識の世界を過大に評価していることに疑問をもっていました。子どもたちが絵本を楽しむのは、「ファンタジーを通してカタルシス（精神分析の考え方によるもので、無意識のなかに押さえ込まれた情動的な体験を言葉や行動を通して外部に表出し、解放することをいう……著者注）を達成する」ということだけではないと考えるからです。センダックのいうそれぞれの怪獣の描き方にしても、彼には特別の意味があり、たしかに言われて見ればそう描かれているなと感心します。けれども、こういう前提なしに読む子どもたちは、変わった怪獣だなあとそのまま受け入れるだろうと思いました。無意識の世界を強調する精神分析流の解釈は、現実の子どものおもしろがり方とはちがう、やや解釈し過ぎのところがあるように思えてなりません。そんなこともあって、私はセンダックの絵本を距離を置いてみていました。

ですから、子どもたちが夢中になって「夢じゃない、本当に木が生えたんだ」と主張し、それを証明する根拠を真剣に探していたときも、じつはなぜそれほど「本当だ」と信じたいのかわからないままでした。

表情豊かな登場人物たち

なぜ、私はマックスの感情にリアリティーを感じなかったのか、その理由を探そうとあらためて絵本を読み返して気づきました。この絵本はマックスの感情を、絵で描いているのです。文章だけから知ろうとしても無理なのです。けれども私は物語を読むときのように、文章から感情を知ろうとしていたのです。けれども、登場人物の感情は絵でたっぷりと表現されていたのです。私は、「絵」と「文」と「ページをめくる」が一体にならない、おとなの読み方をしていたのでした。あらためて見てみると、微妙な感情が絵で巧みに表現されているのに驚かされます。

たしかに、この五歳児クラスの子どもたちは、じつによく登場人物の表情に注目し、どうしてそんな表情をしているのかまで話題にしていました。

たとえば、中扉の絵（この怪獣は、わざと大袈裟にこわがって逃げているように見える）を見て、「あっ、これ猫みたい。これ、犬がふざけてるみたい」と、「ふざける」というニュアンスを読みとっていました。

部屋に木がどんどん生え、マックスが口に手をあて、おもしろくてたまらないという表情をしている画面では、「なんで、こうやってウッシッシって笑ってるの?」と表現します。マックスはうれしくてたまらないというようすを身体中で表現していますから、たしかに「ウッシッシ」です。自分の心が「ウッシッシ」状態のときを思い出しているにちがいありません。

マックスと怪獣が木にぶら下がっている画面では、

「マックスのさ、となりの……」

「なんかマックスをジロジロ見ている」

「食べようとしている」

と言い合っています。

マックスを背中に乗せている怪獣の画面（得意満面なマックスに対し、背負っている怪獣は迷惑そうにしている）では、

「あっ、マックス、目つぶってる」

「威張ってんじゃない？」

「愉快だから……」

「ねっ、食べたそうに目やってる」

「これ？」

「うん、あとの乗っけてるやつ」

「あと、ぜーんぶ、にらんでるよ、マックス食べてやろうって……」

「これも、これも、これも」

と、言い合いながら発見していきます。自分自身や他者

「ウッシッシ」

「にらんでるよ、マックス食べてやろうって……」

の表情と感情をしっかり見ているからでしょう、登場人物の絵の表情やしぐさを自分たちのそれと重ね合わせ、そこから「感情のリアリティー」を発見しているのです。

けれども私は、マックスや怪獣の表情の変化にさして意味を見いださず、寝室にいろと命令されることにうんざりするマックスの感情も、怪獣に命令することを喜ぶマックスの感情にも、怪獣たちがマックスにどんな思いをもっているのかにも気づかず、登場人物の「感情のリアリティー」を考えようともしませんでした。子どもたちは、マックスの側から、マックスの感情や心の動きを自分が日常的に体験している感情と重ね、その「感情のリアリティー」を見いだしたからこそ興味をもったのではないでしょうか。

「夢だ」という子どもは、私と同じように、登場人物の感情に自分と共通する感情を見いだしていないのではないかと、このときの記録をあらためて調べてみました。すると、「夢だ」と言い続けたかつのりくんは、登場人物の表情から感情を推測する話題には加わっていないことがわかりました。どうやら、かつのりくんは、この絵本は怪獣がユーモラスでこわくないし、絵で語る部分が多いだけに文字も少なく、「小さい子の喜びそうな怪獣が出る話」、「どうせお話なのだから」と見限っていたのかもしれません。その結果、私のように、想像上の登場人物の「感情のリアリティー」を感じようともしなかったのかもしれません。簡単に「夢だ」と片付ける子どもに私が感じた抵抗感は、じつは、彼らが登場人物の気持ちの変化まで読みとろうとせず、「子どもだまし」とでもいわんばかりの冷ややかさで片付けようとしていることに原因があるようです。

けれども月の変化という事実にぶつかった今、かつのりくんは、あらためて夢説を補強する論拠を探しだすか、やはり本当なのかとあらためてこの絵本をよく見なおすことになります。そして、マックスの「感情のリアリティー」に気づき、「もし、本当だったら」というおもしろさを発見するか、いずれにしてもこの絵本との新しい出会いをするに違いありません。想像上の出来事に対する新しい自分の迫り方へと新たな一歩を踏み出すことになるでしょう。

ところで、センダックはこの月をどんな意図で描いたのでしょうか。センダックはこう述べています。

わたしは、満月が好きなんです。友人のトミー・ウンゲラーが、わたしの本は矛盾だらけだといいました。満月が何の理由もなしに四分の三に欠けたり、半月になったりするんですからね。でもわたしの本には、月は、グラフィックな理由であらわれるので、天文学的理由ではないのです。ページにどうしてもあの形が必要なのです。

（『センダックの世界』九三ページ）

子どもたちの発見は、センダックの無意識の世界に迫ったのでしょうか、それとも超えたのでしょうか。みさきちゃんの大発見を共有できた子どもたちにとって、『かいじゅうたちのいるところ』は忘れられない絵本であることは確かでしょう。

この絵本を楽しむ子どもたちは、いろいろなことを私に教えてくれました。じつは、この絵本に怪獣が何匹登場するのか、私は考えもしませんでした。ところが子どもたちは、怪獣一匹ずつに名前をつけ、「アホウ鳥怪獣だ」とか「牛だ」とか「あっ、ここには鼻デカいない」と言い、「ちがう怪獣がいるよ」「えっ、もひとついるよ、六人」と数えている子どももいるのです。ゆっくりと、一匹ずつに子どもと同じように怪獣の特徴による名前をつけて数えてみて、はじめて怪獣が何匹いるのか知りました。さあ、何匹でしょう。ぜひ数えてみてください。

第6章

くり返しくり返し読むおもしろさ

第1節　あのハラハラドキドキよ、もう一度

「もっかい読んで！」

幼児に絵本を読み聞かせていて興味深いのは、どうして同じ絵本をくり返しくり返し読みたがるのかということです。とくに、ハラハラドキドキが楽しい絵本などは、結末がわかってしまったらもうハラハラドキドキしないのではなかろうと思うのに、彼らは読み終わった途端「もっかい読んで！」と言います。おとなの場合、一度読んで犯人がわかったミステリー小説を、直後に再び読む気にはなかなかなりません。どうしてなのかとたいへん興味がありました。

そこで、三歳児クラスの子どもたちに、『おおかみと七ひきのこやぎ』（福音館書店）をくり返して読み、そのときのようすを記録してみたのです。この子どもたちにはじめてこの絵本を読んだときのようすは、第2章第1節ですでに述べました。はじめて読んだときのこの絵本のおもしろさは、子どもたちが読者として、前足を白くしたオオカミが来ていることも知っているし、子ヤギたちがそのことを知らないことも知っているからこそハラハラドキドキする、その心の動きに

あるといえます。

この絵本を一回最後まで読んだ子どもたちは、オオカミに食べられた子ヤギたちは助け出され、この悪いオオカミは井戸におぼれて死んだことを知っています。ですから二回目以降は、どうせ子ヤギたちは助かるのだから、子ヤギがオオカミに食べられるのではないかとハラハラドキドキしなくたってよさそうなものです。ところが、子どもたちは相変わらずこのハラハラドキドキを楽しんでいるのです。

といっても、初回とまったく同じというわけではありません。初回で子どもたちがもっともハラハラドキドキしていた、前足を白くしたオオカミが子ヤギをだまして扉を開けるという七画面からオオカミが飛び込んでくる九画面までの部分だけを比較して、その違いをみてみましょう。

二回目の読み聞かせ

二回目の読み聞かせは第一回目の十日後でした。

七画面の《あけておくれ、こどもたち。おかあさんが　かえってきたよ。おいしいものを　もってきたよ》を読むと、早苗ちゃん、タンちゃん、陽子ちゃんは口々に「持ってこない」と言います。オヤッ、初回、早苗ちゃんが憮然としたようすで「持ってこないもん」とボソッと言ったのと同じ所。でも、その口調が違います。「事実は違うじゃないか、そんなこと知っているぞ」と、あたかもオオカミに抗議しているかのように決然とした調子です。タンちゃん、陽子ちゃんも同じようにキッパリと言いきっています。

次の《こやぎたちは、さけびました。「それじゃ、あしを　みせてくれ。そうすりゃ　おかあさんかどうか　わかるから」》を読むと、

早苗「オオカミだもん」

陽子「オオカミ」

早苗「だって、足のほう、黒かったんだもん」

薫子「こうやって入ってくるのよ」

と言っています。

これまた、初回にかずまさくんが「オーカミー！」と言ったのと同じ所です。しかし今回、早苗ちゃんが「オオカミだもん」と言う調子は、初回でかずまさくんが思わず言ってしまった調子ではありません。「私はオオカミだと言う事実を知っているよ」と、キッパリしているのです。ただ、誰に向かって言っているのかということになると、読み手に言っているのでもなく、仲間に教えようとしているのでもなく、自分がそう知っていることをとにかく表明しているといった感じなのです。

この早苗ちゃんの発言を聞いた陽子ちゃんの「オオカミ」は、「そうだよね、オオカミだよね。私も知っているよ」であり、その後の「だって、足のほう、黒かったんだもん」「こうやって入ってくるのよ」の発言も、三人が自分の知っていることを言い合って「そうだよね」と確かめ合っ

ているという調子です。他の子は何も言いませんが、みんなも同じ思いだから言わないんだろうなという感じがします。

八画面をめくり、《あしが　しろいのを　みて、》まで読み軽く息を継ぐ間に、タンちゃんが緊迫感あふれる調子で、「開けると！」と言います。タンちゃんの言葉と重なって、《たしかにおかあさんだと　おもいこみ、さっと　とを　あけました。ところが、はいってきたのは、》と読み、サッと九画面をめくると、読み手よりも早く間髪いれずに、「オオカミ！」とこれまた緊迫した調子で早苗ちゃんが言います。タンちゃんも早苗ちゃんも、見事な緊迫感と絶妙のタイミングです。

この三画面の間、これ以外は誰も無駄なことは言わず真剣に聞いています。

三回目の読み聞かせ

一週間後に、三回目の読み聞かせをしました。

またまた七画面の、《おいしいものを　もってきたよ》のところで、

かずまさ「オオカミ！」

真由美「オオカミ！」

かずまさ「ウオォーン」（オオカミの吠える声でしょう）

そして、真由美ちゃん、陽子ちゃん、かずまさくん、薫子ちゃんの四人は手で顔を覆い指の間

から見ています。

この画面の最後の《そこで　おおかみが、まえあしを　まどに　かけますと、》を読むと、文の後を続けるような絶妙のタイミングで、タンちゃんが「サッ！」と言います。読んでいた私は、そのとき、この「サッ！」は扉の開く音だと思いました。

八画面を開けた途端、子どもたちは口々に、「キャッ」「開けるよ」「開けるよ！」「開けるよ」と言います。

かまわず、《あしが　しろいのを　みて、……さっと　とを　あけました。》と読むと、真帆ちゃんが「オオカミだ！」

《ところが、はいってきたのは、》と読んで九画面をめくった途端、

陽子「オオカミ！」

真由美、真帆、タンちゃん「キャーッ」「キャー」「オオカミだー！」「キャー」

彼らの叫びは、これは子ヤギが逃げているのだなと思ったほど迫真のものでした。二回目の読み聞かせ後「オオカミと子ヤギごっこ」が始まりこのところ熱中していたのですが、このごっこ遊びの子ヤギ役が逃げるときに叫ぶようすとよく似ています。

四回目の読み聞かせ

またまた一週間おいて読みました。記録をとりたい一心の私が絵本を読もうとすると、「また、

これするの？」「ずーっと、これするの？」「八月になるまで読むの？」と言われてしまい、子どもたちは絵本より「オオカミと子ヤギごっこ」のほうに魅力があったようでした。それでも読みはじめると、これまであまり関心を示さなかった知ちゃんが、絵を指さしては、「雨降るといけないから傘持って行くの？」とか、「あそこ何屋さん？」などと今まで誰も気がつかなかったことを発見するし、オオカミのしわがれ声をまねる私の読み方にタンちゃんが「変な音！」と言い出すと、みんなも「変な音！」と合唱したりとにぎやかに聞いていました。五画面をすぎるころから、シーンと静かになりました。

さて七画面、この画面をめくった途端、早苗ちゃんが「すると、また来た！」

《すると　このわるものは、……とんとんと　とを》と読むと、タンちゃんが「また、オオカミだな」、それを聞いた早苗ちゃんが「オオカミだよ」

《あけておくれ……》で、知ちゃん「まだ！」

《こどもたち……》で、知ちゃん「まだ！」

《こやぎたちは、さけびました。》で、知ちゃん「もひとつあるの？」

八画面をサッとめくって、《……たしかに　おかあさんだと　おもいこみ、》と読むと、タンちゃんと真由美ちゃんは「あっ、ドアをあけると！」と叫び、そのあとこの二人に真帆ちゃんも加わって、「キャーッ、オオカミ！」「キャーッ」と前回のように叫ぶのです。

《さっと　とを　あけました。》と読むと、タンちゃんが「アッ、オオカミ！」、真由美ちゃんが「食べられちゃうぞ！」

《ところが、はいってきたのは、》と読み、まさに九画面をめくっているとき、真由美ちゃんが「オオカミでした！」と言います。

九画面を開き終わって画面の絵が見えると、ナント、タンちゃんと真由美ちゃんは口をそろえて「あたった！　あたった！」と大騒ぎするのです。「当たったとは、余裕だなあ」と思いながらそれでも読み進めると、またまた全員が真剣そのものの顔をしてシーンと聞いているのです。

ハラハラするための演出？

この連続する三画面での各回の子どもたちのようすからわかるのは、子どもたちは、はじめて読んだときのあのハラハラドキドキを毎回くり返し感じたいのだということです。

二回目の読み聞かせで、前足を白くしたオオカミが登場したところで「持ってこない」とか「オオカミだもん」などと言っている口調は、はじめて読んだときのやむにやまれぬ状態で思わず言ってしまった「オーカミー！」とは違います。初回の「オーカミー！」は、オオカミだと知っている読者が、知らない子ヤギに教えようとしての、読者から登場人物子ヤギに対して向けられた、緊急の警戒メッセージです。

けれども二回目の「オオカミだもん」は、読者が「それはオオカミだ」と事実を確認している発言であって、子ヤギたちに警戒メッセージを伝えようとする意味はひじょうに弱い、むしろないと言ってもいいくらいだと思います。この発言を聞いた仲間も、「そうだよね」とばかりに、オオカミだという証拠を強調し、その後のオオカミの行動を言っています。まわりの仲間たちも、この発言を子ヤギへのメッセージとしてよりも、この事実を確かめ合おうとしているものとしてとらえたのだと思います。読者仲間へ発せられていると言えるかもしれません。ですから、この一連のやりとりは「子ヤギ、大変だぞ」という緊迫感はなく、ハラハラドキドキしているとは思えません。

ところがその先では、「開けると！」や「オオカミ！」といった、タンちゃんと早苗ちゃんの二人のタイミングよい緊張感あふれる合いの手が入るのです。これによって、いやがうえにも緊迫した雰囲気がつくりだされ、いつの間にかみんながハラハラドキドキ気分にさせられます。文章を先取りした内容ですから、子どもたちは読み手の位置にいるともいえます。読み手の側に立ってはいるものの、それを子どもたち自身が言い、子どもたち自身が生み出す雰囲気だからこそ、スワッという緊迫した事態が自分たちの側のものになるのだろうと思えます。

ハラハラドキドキしだすところが初回とは違っています。初回は、七画面のオオカミが来るところから、グッと緊張した雰囲気が高まります。けれども二回目は、八画面と九画面のつながり部分、扉を開けてオオカミが飛び込む瞬間という限定された部分で、緊張感が強まっているのです。強まっているというより、「強めよう」としているというほうがより正確かもしれません。

二回目ではタンちゃんと早苗ちゃんの二人が緊迫感をつくりだしましたが、三回目は、みんながこぞって緊迫した雰囲気をつくりだしています。手で顔を覆うのも、「サッ」も、「開けるよ」も、「オオカミだ！」も、「キャーッ」も、みんなが加わっています。こうすることで自分自身が緊迫感を味わえるし、言いながらハラハラドキドキ気分を味わえるのでしょう。おもしろいのはそれぞれの言葉は誰の立場で言っているのかです。「サッ！」は読み手として、「開けるよ」は読者として、「オオカミだ！」「オオカミ！」は読者とも読み手とも子ヤギとも判別つきがたく、しかし「キャーッ」は子ヤギとしての言葉と思えます。絵本を読んでもらいながら、気分は、自分たちが「オオカミと子ヤギごっこ」を実際にやっているような状態だと思われます。

四回目も、三回目と同じように、「オオカミと子ヤギごっこ」のように演じながら聞いているといった状態ですが、なんといってもおかしいのは「あたった！　あたった！」です。これはオオカミが飛び込んできたことそのものは、もはや息をのむような抜き差しならぬ事態というわけではないのでしょう。タンちゃんと真由美ちゃんにとって重要なのは、その前の「扉を開けてオオカミが入るぞ」という八画面の最後の緊迫感のようです。

子どもたちは、毎回、はじめて読んだときのあのおもしろさを味わってみたいのです。「あのハラハラドキドキよ、もう一度」なのです。

ところが先の展開が未知であった初回と違って、その後を知っている今となっては、子どもたちは以前と同じようにはハラハラドキドキできません。だからこそ、自分がハラハラドキドキするようにしむける、なんらかの「演出」が必要になってくるのです。

初回、子どもたちは読者という位置で、オオカミと子ヤギ双方の事態を知ることでハラハラドキドキしました。つぎには、事態の進行を描いている文を自ら読み手になって緊迫感あふれる言い方をすればハラハラドキドキでき、さらには、登場人物の立場で演ずるとハラハラドキドキできるかのようです。しかも、子どもたちは、読者、読み手、登場人物のどれもにいつでも自在に移れるのです。あっちの立場になったり、こちらの立場になったりと行き来できるのですから、なおいっそう複雑になります。読者になったり、読み手になったり、子ヤギになったりしながら、事態の進行のなかで子ヤギがどんなに驚いたか、その心の動きまでをも察して、よりいっそうリアルにこの場面の切迫した事態を感じ取っているようにも思えます。

加用文男さんが『子ども心と秋の空』（ひとなる書房、一九九〇年）の「おわりに」で、つまらない冗談を二歳児クラスの子どもたちに言ったら大いに受けて、「もう一回いって」とせがまれ、十回近くもくり返させられ、その度に大笑いしてくれたと書いています。やはりくり返すうちに笑い方が変化しているそうです。四度目、五度目ころからは、明らかに子どもたちの笑いは、少しずつわざとらしくなっていき、それは声だけで笑っている感じ、お追従笑いみたいだそうです。加用さんは、子どもたちがくり返したがっているのは、「笑いそのものなんだ。笑いの雰囲気そのものなんだ」と書かれています。

私もそう思います。子どもたちはこの絵本を何度も読みながら、ハラハラドキドキそのものを楽しんでいるのです。いつでもハラハラドキドキ気分を新鮮に味わえるように演出してしまう、それほど初回のハラハラドキドキ気分は子どもたちには魅力的なおもしろいことだったのでしょう。

くり返し同じ絵本を読みながら、子どもたちは自分たちの味わった心の動き、心の状態、感情を味わいなおし、より深くより豊かにしていっているのでしょう。しかも心の動きだけでなく、何度も読むうちに、これまでにも述べたように絵の隅々、文章の一語一語からも新しい発見をしています。

第2節　長い間におもしろい中味が変わっていく

『いたずらきかんしゃ　ちゅうちゅう』では

絵本を読み終わった直後に「もっかい！」と言われもう一度読むこともあれば、毎日毎日同じ絵本を持ってきては「読んで」と言われて読むこともあります。他の絵本も加わりながら、それでもお気に入りの一冊の絵本があって、それをかなり長い間くり返しくり返し読むということもあります。何年もかけて、同じ絵本なのに、子どものおもしろがっているところが違っていくことに気がつきます。第3章で述べた、『ねないこ　だれだ』の場合のアヤちゃんが示した、一歳三ヶ月から二歳十ヵ月までの変化はそのひとつの例です。

自動車の絵本が大好きだった勘文くんは、三歳前から四歳すぎまで『いたずらきかんしゃ　ちゅうちゅう』（バージニア・リー・バートン文・絵、村岡花子訳、福音館書店、一九六一年）がお気に入りでした。この絵本を読み出した三歳前から四歳の今にいたるまでの様子を、お母さんが次のように書かれています。

この時期に乗り物の本で気に入っていたのは、『いたずらきかんしゃ　ちゅうちゅう』で、特に踏み切りのところで自動車が、ガチャガチャぶつかりあっているページは、一日に何回も開いては、ひとり言を言ったり、ベッドに入っても、そのページを開いて寝るのです。今でもそうですが、勘文の好きな本はすぐわかります。それは、本当に好きな本は、必ずベッドにもちこんで、いっしょに眠るからです。「ちゅうちゅう」とは何度いっしょに寝たことでしょうか……。この絵本は、一番長い期間にわたって読まれていて、読みはじめたときから現在まで見てみますと、一冊の本でも見方が随分変わってきています。最初は、まだ自動車がぶつかりあっているページにくるのを楽しみにしているだけでしたが、しだいに全体を見るようになり、「ちゅうちゅう」といっしょに走ったりはね橋に飛びついた気分になったり、「ジム」が迎えに来ると、自分までホッとするのでした。しばらくたつと、「ちゅうちゅう」を動かす人達に興味をもち、こんどは「ちゅうちゅう」を追いかけるわけです。そして現在では、小さく描かれたその他おおぜいの人々の動作をひとつひとつ見るのが好きになってきたようです。この絵本は動きがあるだけでなく、じつに見るところがたくさんあるため、いつも一冊見るのにかなり時間がかかります。　（中村悦子／佐々木宏子編著『集団保育と絵本』高文堂出版社、一九七六年、一八六ページ）

おそらく最初は、勘文くんは文章を全部読んでもらうよりも、自動車がぶつかっている絵を見てお母さんとあれこれおしゃべりし、絵に描かれていることごとを発見するのを楽しんでいたのでしょう。母と子で、そのときどきの勘文版『いたずらきかんしゃ　ちゅうちゅう』をつくっていたともいえます。勘文くんは、一年余をかけて、立場の違うそれぞれの登場人物に注目して、それぞれの登場人物に自分を重ねて楽しんでいるように思えます。絵から発見する読者としての勘文くん、「ちゅうちゅう」の気分になった勘文くん、最新式の汽車で「ちゅうちゅう」を追いかけるジムやアーチボルトさんの気分になっている勘文くん、「ちゅうちゅう」が引き起こした出来事に逃げまどう街の人々に注目する勘文くんと、勘文くんと登場人物との関係が変化してきています。

長く同じ絵本を楽しむ間、読者である子どもは特定のひとりの登場人物だけを気に入り、その登場人物だけに自分を重ね味方しているわけではないのです。三歳から四歳へと勘文くん自身の現実の世界が広がり多様な人や物のかかわりが見えてきたこともあるのでしょうが、こうして一冊の絵本の興味の対象が変化し広がるからこそ、何度読んでもらっても新しい発見があっておもしろいのでしょう。

『おだんごぱん』では

娘がかなり長期にわたって気に入っていた絵本のひとつに『おだんごぱん』（ロシア民話、瀬田貞二訳、脇田 和絵、福音館書店、一九六六年）があります。一歳前半のころは、瀬田貞二さんの読みやすくリズムのある文章が気に入っていたようでした。私はリズムを強調するために、たとえば

《こなばこを　ごしごし　かいて》の部分を、「こなばこ　ごしごし　ひっかいて」などとリズムがよくなるようにちょっと変えて読んだものです。こうすると、《まどから　ころんと、いすのうえ。いすから　ころんと、ゆかの　うえ》はもちろん、全体の文章が同じようなリズムになって読みやすかったのです。娘はこのリズムに合わせて首を振り、自分の頭をコクコクと動かしていました。これに気づいて、私も同じように頭をコクコク動かして読むと、これがまた楽しいのです。娘と目を合わせニヤニヤしながら、頭をコクコクさせてこのリズムを楽しんだものです。これは当時のこの絵本の楽しみとして、彼女にはかなり重要なものだったようです。この楽しみを知らないおとなが、リズムよく読まなかったり頭をコクコクしてくれないと文句をつけていました。このリズムとともに、おだんごぱんがコロコロ転がっていくのが楽しかったのでしょう。

やがて、リズムよい文のなかの単語をいっしょに唱えはじめました。もちろん頭でリズムを刻みながらです。いっしょに唱える単語は多くなり、やがて文にもなっていきました。このころ、絵本を読み終わると、「おだんごぱん、食べられちゃったね。かわいそうね」とよく言っていました。第3章第1節で述べた私とは関係ない「他人事」の状態でしょう。

ある日、おだんごぱんがキツネに出会って《ぼくは　てんかの　おだんごぱん》と歌っている画面の文章を読んでいる最中に、娘は突然手を伸ばしバッとページをめくりました。これまでも娘はどの子もやるように文章の途中でページをめくることはありました。けれどもこのときのめくり方はじつに激しいものでした。二ページ重なったまま力いっぱい引っ張ったので、ページはみごとに破れました。私はページの補修ばかりに気をとられ、なぜ娘がそこでめくったのか、なぜそれほど激しくめくりたくなったのか、娘のそんな心の動きを考える余裕などまったくありませんでした。その日は、娘がおだんごぱんに今まで以上に強く味方したくなった記念日かもしれないと気づいたのは、ずっと後になってからでした。

この絵本を何度も読んでいますから、娘はおだんごぱんがキツネに出会った後、キツネがおだんごぱんをうまくだまして食べてしまうという結果は十分にわかっています。その日、娘は、おだんごぱんはキツネに食べられてしまう、でもおだんごぱんはそのことに気がついていないと、

「こんどは、きつねに　あいますと…」

「読者である自分は知っているけれど、登場人物は知らない」のハラハラドキドキ状態が、突然、強く迫ってきたのでしょう。自分はこんなにハラハラドキドキしているのに、彼女が味方しているおだんごぱんは、のん気にキツネの言いなりになってしまうのですから、もうこれ以上のんびり聞いてはいられないということかもしれません。『おおかみと七ひきのこやぎ』であれば、「オオカミー」と叫びたくなる心境でしょうか。あるいは、『ねないこ　だれだ』での二歳十ヵ月のアヤちゃんのように、おだんごぱんの「感情のリアリティー」に気がついたときなのかもしれません。すぐに娘の心の動きを感じていたら、もう少し

わかったかもしれないと残念でなりません。

時すでに遅しでしたが、中学生の娘にこのことを話し、何か覚えているかと聞いてみました。彼女はしばらく考えて、「ずーっと小さいときから読んでいたからねぇ。こわかったかどうかなんて覚えていないけれど。でもね、五歳ごろかなぁ、キツネもよく考えたものだと思ったことがあるよ」と言いました。驚きました。五歳になっても読んでいたということも、そのときおだんごぱんの側でなくキツネの側に立って考えていたということも、娘に言われてはじめて知ったことでした。

この例も、同じ絵本についての興味の対象が長い間に変化していることを示しています。はじめは文のリズムを楽しみました。そして、登場人物おだんごぱんの身の上に注目しました。ページを破った日、「読者は知っているが、登場人物は知らない」のハラハラドキドキ状態になったのか、それとも「感情のリアリティー」に気づいたのか、いずれにしてもおだんごぱんにいっそう強く味方しました。さらに後になって、今度はおだんごぱんに対立する登場人物、キツネの側からこの物語を味わっていたのです。

友人は、末の子どもが大学生になったので何度も読んでボロボロになった絵本を処分しようとしたところ、子どもたちが「これは残しておいて」と言いながら絵本の好きだったところを話し出し、ここはきらいだったとか、ここがおもしろかったとよく覚えていたので驚いたと言っていました。ボロボロになった絵本は、子ども自身の心の動きの歴史が刻みこまれた自分自身の心の成長の記録なのかもしれません。子ども自身の成長にともなって、同じ一冊の絵本がさらに新たな輝きを放ちだすのでしょう。くり返しくり返し長い間読んでもおもしろい、子どもたちがそんな絵本を持てるには、「もう読めるでしょ」「もう覚えているはずじゃない」などと言わずに、今はどんな心の動きをしているんだろう、何をおもしろがっているんだろうと興味をもって読み聞かせ続けるおとなの存在が大きな意味をもつのだと思います。

第7章

絵本の続きがおもしろい

第1節　絵本を思い出すとき

読んでもらった絵本のことをかなり後になって突然子どもが言い出し、驚かされることがあります。どのようなとき子どもたちは絵本のことを思い出すのか、そこがわかれば読んでもらっているときの子どもの心の動きや、子どもの心に刻まれた内容を知ることができるかもしれないと、子どもたちが絵本のことを言い出したときの記録を集めたことがあります。といっても、簡単なことではありませんでした。子どもがいつ言い出すかわからないので、子どものそばに長くいるおとなにしかそのチャンスがないからです。しかも、突然ポツンと言った子どもの言葉からすぐあの絵本のことだと気づくには、かなり意識して注意していなければならないからです。おもしろがってくださるお母さん方の協力が不可欠でした。

今自分のしていることから、思い出す

これまでたびたび紹介した『おおかみと七ひきのこやぎ』（福音館書店）を読んだ三歳児クラスのタンちゃんは、入浴中石鹸で足を洗っていて白く泡だらけになったとき、「今日ね、オオカミの

本みたの。クリーム塗ったの。パン屋さんでね、つけてもらったの。オオカミの足を白くしたの」と話し出しました。現実の自分の石鹸の泡で白くなった足を見て、絵本のオオカミの白い足を思い出したのかもしれません。あるいは、「塗った」「つけてもらった」「足を白くした」という言い方から考えると、自分の足の石鹸の泡をなでながら、オオカミはこうやってクリームを塗ったのかなと考えて思い出したのかもしれません。白い自分の足、泡をなでるという現実のタンちゃんと、絵本のオオカミとがタンちゃんのなかで重なっているようです。

すでに述べましたが、お風呂に入るとき湯舟をのぞきこんでいた真由美ちゃんは、「落ちるわよ」と注意されて、「オオカミが飲むお水に落ちたのよ」と言いました。湯舟のへりにつかまって頭を下げて湯をのぞきながら、オオカミが落ちるというのはこんな感じだったのかと考えていたのか、それとも「落ちるわよ」の言葉で突然思い出したのか、そこはわかりません。けれども、頭を下げて湯をのぞくという自分の姿勢やのぞいた湯の状態という早苗ちゃんの現実の感覚と、「オオカミが水に落ちる」という絵本の出来事とが、このとき真由美ちゃんのなかで重なったといえると思います。

『三びきのやぎのがらがらどん』がお気に入りの二歳の拓哉くんと五歳の徹哉くんきょうだいは、この絵本のことをいろいろな機会に言い出しています。そのなかにも同じような例があります。二階建ての祖父母の家に行ったときでした。階段を上る母親の足音を聞いて、階段の下にいた徹哉くんは、「だれだー、かいだんを　がたごとさせるのはー」と叫びました。あっ、あの絵本だと気づいた母親が、「おかあさんだーっ」と大きいヤギのガラガラドン風に言うと大喜び。弟の拓哉くんも「大きいやぎのがらがらどん」とはしゃぎまくり、母親は何度もやらされたそうです。階段の下から頭の上の足音を聞くという位置にいた徹哉くんは、頭上の橋を渡るガラガラドンに橋の下から叫ぶトロルと自分とが重なったのでしょうか。徹哉くんは、母親の「おかあさんだーっ」のリアクションをどう感じたのでしょう。現実の徹哉くんはおそらくびっくりしたはずですが、絵本のトロルだって同じくらいびっくりしたかもしれないと考えたでしょうか。そこまで自分とトロルを重ねていたでしょうか。

この徹哉くんの例とよく似ているのが、第5章第3節で述べた『キャベツくん』の絵本の例です。怪獣ごっこで、怪獣役に「おまえたちを食べる、ギャーオー」と追い詰められた子どもが、「僕を食べたらキャベツになるよ」と言いました。「おまえたちを食べる」と追い詰められた子どもの状態は、ブタヤマさんに「キャベツ、おまえを食べる」と言われたキャベツくんの切羽詰まった状態とよく似ています。追い詰められた自分と切羽詰まったキャベツくんが重なったのでしょうか。

弟の拓哉くんは、カタカタなるドブ板の上を歩きながら、「がたん　ごとん　がたん　ごとん」とひとり言を言っていたそうです。音を立ててドブ板を歩いている拓哉くんは、橋を渡る大きいヤギのガラガラドンと自分を重ねているのでしょうか。気分は、大きいヤギのガラガラドンなのでしょうか。

　これらの例からわかるのは、現実の自分が今していることや今の状態が、絵本の登場人物のしたことや状態と重なるとき、子どもは絵本を思い出しているらしいということです。思い出しながら、子どもたちはいったいどんなことを感じ、どんなことを考えているのでしょう。子どもの心のなかはわかりませんが、おそらく次にその絵本を読むときは、思い出したときに自分の心に生じた感じや考えが基点になり、登場人物の「感情のリアリティー」の内容もより深いものになるのではないかと思います。タンちゃんは、次に絵本を読んでもらうとき、オオカミがパン屋で練り粉を塗ってもらう場面を「あんな感じなんだ」と思いながら聞くのではないでしょうか。真由美ちゃんは、「落ちるっていうのはあんな感じかな？」と井戸の場面を聞くでしょう。徹哉くんは、トロルが大きいヤギのガラガラドンに向かって言うセリフを、自分が「だれだー」と言いたくなった感じを思い出して聞き、拓哉くんは自分がドブ板を歩いたあの感じを全身で感じながら聞くのではないでしょうか。

今感じているから、思い出す

『おおかみと七ひきのこやぎ』（福音館書店）を読んだ三歳児クラスのかずまさくんは、朝ごはんを食べているとき、「お腹がいっぱいになった。ハサミでチョキチョキ切らなくちゃ」とつぶやきました。お母さんが「なーに？」と聞くと、「ホラ、本であったでしょ」と言うだけでそのままになってしまったそうです。かずまさくん自身の現実の今の満腹感と、六ひきの子ヤギを食べたオオオカミの感じとが、かずまさくんのなかでピッタリ重なったのでしょうか。絵本には「お腹がいっぱいになった」という文章はありません。絵本の読み聞かせの最中に、大きなお腹をして気持ちよさそうに寝転がっているオオカミの絵や文章の展開からかずまさくん自身が感じたことが、「オオカミはお腹がいっぱいになった」なのでしょう。そしてその状態は、今の自分のまさにこの状態、この感じなのでしょう。かずまさくんは自分の満腹のお腹をじっと見ながら、「ここには何が入っているのか……」と考えたのでしょうか。

知ちゃんは、夜の雷雨のなかを祖父と車に乗っていて、「アッ、また、おじいちゃん光ったよ」「雷はこわいんだよ」と話していたとき、まったく唐突に「オオカミのお腹を切って、石をお腹の中に入れたんだよ」と言いました。運転しながらこの会話を聞いていたお母さんは、「きっと、『こわい』という言葉から言い出したのではないか」と感じたそうですが、稲光や雷を知ちゃん自身がまさにこわいと感じていたことが重要な気がします。そこに「雷はこわい」という祖父の言葉が加わったからこそ、オオカミの腹を切り石を詰める場面を思い出したのではないでしょうか。絵本には「こわい」という表現はありません。けれども絵本のこの場面を聞いているとき、知ちゃん自身はこわいと感じていたのでしょう。絵本を聞いていたときの感じがあったからこそ、現実の自分の今のこわさや「こわい」という言葉と重なったのではないでしょうか。

二歳の娘は、仲良しのおばちゃんが娘の前でリンゴをむいてハイと渡したら、「おばちゃんの手、トロルみたいだね」と言ったそうです。後にその話を聞いた私が、絵本の『三びきのやぎのがらがらどん』のトロルのことじゃないかと説明すると、おばちゃんは、「私の手は太いし大きいし……。袖もまくりあげていたし……。冷たい水を使っていて手が真っ赤にはれていたからだわねぇ」と笑いころげていました。娘の目の前に差し出された手は、もちろんトロルのような毛むくじゃらの手ではありません。おそらく、大きな赤くなった手が目の前にニュッと出てきた瞬間、娘が感じた驚きが「トロルの手」を思い出させたのでしょう。彼女が絵本の「トロルの手」に何かの感じをもっていたからこそ、今の感じを「トロルの手」と言いたくなったのだと思います。

谷地元雄一さんは次のような例を書かれています。

妻が次男の出産のために数週間入院していた時期に、私は当時二歳半の長男とふたりで〈オヤジの腕の見せどころ!〉と気張って生活していたのですが、ある夜、いっしょにふとんに入っているときに長男がボソリと「ネコになりたいなー」と言うので、「どうして?」ときくと、「だって、かわいがってくれるからー」と言うのです。私は「へーっ」と平静をよそおいながら、内心うろたえました。でもよく考えてみると、寝る前に読んでやった数冊の絵本のなかに『一〇〇まんびきのねこ』があったのです。この本は、とても年とったおばあさんが子猫を一匹ほしいと言うので、とても年とったおじいさんが、はるばる猫でいっぱいの丘まで猫をさがしに行く話です。この老夫婦には、見るからに猫をかわいがってくれそうだなーという温かい雰囲気があって、しかも、「とても年とった」というのがなおさら、甘えも何もすべてひっくるめて包みこんでくれそうな感じをかもし出しています。
きっと長男も、母親のいないさびしさを自分なりにがまんしていたことが、そんな絵本のイメージと重なって、ポロリと本音がこぼれたのでしょう。

（谷地元雄一『これが絵本の底ぢから！』福音館書店、二〇〇〇年、六一ページ）

谷地元さんの長男くんは、絵本を聞きながら、おじいさんもおばあさんもきっとネコをかわいがるのだろうなぁとしみじみ感じたのでしょう。「おじいさんもおばあさんもやさしいなぁ。いいなぁ、ネコはいいなぁ」の気持ちは、かわいがってくれるお母さんに甘えたい今の自分の現実の気持ちとピッタリ合っていっそう強く感じたかもしれません。

かずまさくんも知ちゃんも、二歳の娘も、長男くんも、思い出した場面に対して、絵本を読んでもらっている最中にかなりハッキリした感情を味わっていたような気がします。自分が現実に今感じている気持ちや感情をきっかけにして絵本のことを思い出すには、すでにその絵本で同じような気持ちや感情を体験していたにちがいないと考えるからです。絵本で感じた気持ちや感情と、現実の自分の今の気持ちや感情とが重なったとき、絵本を思い出すはずだからです。

思い出した彼らにすれば、そうしようと意識したわけでもないのに、なんだかわからないけれどとにかく思い出しちゃったということでしょう。けれども私には、彼らは今の自分の現実の気持ちや感情を、絵本を手がかりにしてなんとか表現しようとしているように思えます。それはまた、現実の自分の今の感情を絵本と重ねることで、今の自分の感情をちょっと別の角度から見て、しっかりとつかまえるということなのかもしれません。自分の感情を表現するひとつの手段として絵本を使えるということは、子どもにとっても絵本にとっても、素晴らしいことだと思います。

思い出して楽しんで、楽しんでまた読んで、また思い出して

子どもたちが絵本を思い出すきっかけは、これ以外にもじつに多様にあるようです。

前にも書いたように、三歳のころ娘は『ダンプえんちょう　やっつけた』に熱中し、神社や丘を見ればどこでも海賊ごっこになっていたのですが、傑作だったのは「いっぽう、さくらですが」の「いっぽう」という単語への執心でした。子どもの絵本にはまず出てこない単語ですから、耳に残ったのでしょう。海賊ごっこで何人もの正義の味方が同時にいろいろな方向から海賊と闘う展開が気に入ったのでしょうか。日常の会話のなかに「いっぽう、お母ちゃんですが、自転車に乗っていました」などと「いっぽう」を濫用していました。

先に述べた徹哉くんは、母親のお説教の最中に、「パチン、チョキン、ストン。おはなし　おしまい！」と言い、あまりのタイミングのよさに母親は絶句したそうです。この「パチン、チョキン、ストン。おはなし　おしまい！」は、『三びきのやぎのがらがらどん』の最後の文、「チョキン。パチン、ストン。はなしは　おしまい。」によるものです。「お説教は終わり」というわけでしょう。徹哉くんのお母さんは絵本の文とは違うわが家流で読んでいたようですが。

弟の拓哉くんは、夜寝る前に布団の上に寝転がってサルの人形をもてあそびながら、「ぐりぐりめだま　ぐりぐりめだま」とつぶやいていたそうです。目の前にあるサルの人形の目玉をみつめて「ぐりぐりめだま　ぐりぐりめだま」と唱えながら、彼はいったいどんなことを思い出し、どんな気分を味わっているのでしょうか。トロルの目って大きくてこわかったなぁなのでしょうか、大きいヤギのガラガラドンは強かったなぁなのでしょうか、話をずっとたどって思い出しているのでしょうか、それともお兄ちゃんといっしょにお母さんに読んでもらった楽しさを思い出しているのでしょうか。

『キャベツくん』を読んだ後に、「カレーライスが食べたら」「地球が食べたら」「空が食べたら」とその後を考えていたという子どももいました。彼は、いつ、どんなときにその後をあれこれと考えていたのでしょう。今という自分の現実の時間のなかで、絵本のある部分がふと頭に浮かんでくる。そのとき子どもたちはいったいどんな気分を味わい何を考えているのでしょう。

絵本の読み聞かせのときに感じたり発見してわかったことが、現実の自分の生活と重なり、また自分が現実の生活で感じたりわかったことが、絵本の登場人物の気持ちや行動と重なる。こんなくり返しをしながら子どもたちは現実の自分の体験をとらえなおし、絵本の登場人物にいっそうの親しみを見つけていくのではないでしょうか。心を動かして感じ、発見する対象は現実の子どもの生活には無限にあります。それを絵本のあれこれと重ねながら、自分らしい感じ方をし、自分らしい発見をして、自分を育てているといえます。

そのためには、人形をもてあそびながら「ぐりぐりめだま」とつぶやいたり、「カレーライスが食べたら、地球が食べたら……」と考えたりできるような、のんびりとした時間が必要なのでしょう。そして自分の感じたことや発見を伝えて、いっしょに楽しんでくれるおとなや仲間が必要なのです。

子どもが絵本を思い出すときの記録には、絵本が子どもの心に刻んでいくものやその過程が豊富に秘められていると思います。もっともっとたくさん集めたいものです。

第2節　仲間の共通の文化になったとき

もしかして先生は「うみぼうず」？

保育場面では、何人もの子どもに読むことが多いだけに、同じ絵本を知っている仲間だからこそ広がる、絵本の続きを楽しむ実践がいろいろな形で展開されています。

絵本を知らないのと知っているのとでは楽しみがまったく違うことを鮮やかに示しているのは、谷地元雄一さんの「うみぼうず」のエピソードです。谷地元さんは、夏になると『ぐりとぐらのかいすいよく』（中川李枝子文、山脇百合子絵、福音館書店、一九七六年）を子どもたちに読み聞かせ、子どもたちと保育園の近くの市営プールに行ってはクジラ泳ぎやイルカジャンプの技を披露し、子どもたちも「タコ泳ぎ」や「カバ泳ぎ」などの技を開発したそうですが、そのときのことです。

この市営プールは公共の施設なので、当然ほかの保育園の子どもたちも来ているわけで、「イルカジャンプ！」とか言って一部の子どもに受けているへんなおじさんを、遠まきにふしぎそうに見ているのです。だって本のことを知らなければ、何のことかまるでわかりませんからね。

あるとき、このプールに、ほかの園の子どもたちを引き連れて来ている顔見知りの保母さんがいたので、話のついでに「『ぐりとぐらのかいすいよく』読んでごらんよ」と軽い気持ちで言ったことがありました。そしたらその保母さん、すぐに本を買ってきて、その子たちに読んだらしいのです。数日たってプールに行くと、明らかにその子たちの私を見る目がちがっているのです。私の一挙手一投足を、息をのんで見守っているといった感じです。

そのうち、思いつめたようにひとりの女の子が私に「くじらおよぎやって……」と言うので、「いいとも」と得意になってやって見せると、まわりに集まった子どもたちが、おたがい顔を見まわし、うなずきあったり、ほかの子に知らせに行ったりしているわけです。そのうち、またひとりの女の子が真剣なまなざしで「おじさんのしごと、なあに？」と、ききに来たのです。この子たちは、どうやら私が、あの泳ぎの天才うみぼうずだと本気で思っているようなのです。そこで私は、少し気取って、絵本のなかでうみぼうずが言うように「しんじゅのランプをみがくのが、おいらのしごとさ！」と言ったら、もう大さわぎになりました。一瞬にして私は、へんなおじさんから天下のうみぼうずに大昇進！　（『これが絵本の底ぢから！』四〇〜四一ページ）

知らなければ「変なことやっている」だけですが、絵本を知れば現実の出来事がまったく違って見えるのですから不思議です。他の園の子どもたちがはじめて『ぐりとぐらのかいすいよく』

を読んでもらって、「あのプールの男の人はうみぼうずなんじゃないか？」と気づいたときの驚き、そのときおそらく戦わされたであろうホントかウソかをめぐっての激論、その後プールで出会うまでのドキドキした気分、そして谷地元さんに話しかけるまでの緊張、あげくの「しんじゅのランプをみがくのが、おいらのしごとさ！」がかえってきたときの衝撃、たいへんなものだったでしょう。

一方、谷地元さんの園の子どもたちはどんな顔でこのやりとりを聞いていたのでしょう。谷地元先生が当然のように「しんじゅのランプをみがくのが、おいらのしごとさ！」と言ったとき、ギョッとして先生を見つめた子がいたかもしれません。「先生はうみぼうずの真似をしてるだけさ」と思っていたのに、ひょっとして、先生の真実の姿はうみぼうずかもしれない……のですから。

仲間でつくる「絵本の続き」の世界

絵本の世界と現実の世界とがひょっとしたことでつながり、かつ子どもたちの現実認識ではアリッコナイと否定しきれないとき、そこから絵本の続きが新しく始まります。

岩附啓子さんは、「子どもたちの大好きなお話や、興味をもった出来事を現実性のあるものとして子どもたちに投げかけてみると、想像力を働かせながらどんどん夢をふくらませていきました。ともだち同士イメージを伝えあいながら、次には正体を確かめたい、どうなっているのだろうと考えをめぐらせ行動に移してい」くことを大切にしたいと、五歳児クラスの子どもたちに、片田の山へ秋の遠足に出かける二日前から意識的に『エルマーのぼうけん』（R・S・ガネット作、R・C・ガネット絵、渡辺茂男訳、福音館書店、一九六三年）を読みました。（『エルマーになった子どもたち』岩附啓子＋河崎道夫著、ひとなる書房、一九八七年）

そして、「現実性のある出来事として子どもたちに投げかける」ために、最後の文章「エルマーとりゅうは、だれがなんといおうと、どうぶつ島なんかに、もどるものかとおもいました」のあとに、「その後のエルマーとりゅうのゆくえはだれも知りません。どこへ行ったのでしょう。みんなのそばにひょっとするとエルマーとりゅうは隠れているかもしれませんね」と付け加えて読んでみたのです。「りゅうはどこに行ったのだろう」「うん、知りたいな」とざわめく子どもたちの様子を見て、さらに、「むかし、おじいさんが片田の山へ出かけていったとき、ほら穴のなかでりゅうのしっぽをチラッと見たことあるって聞いたことあるよ」と言ったのです。

「へェーあす遠足に行く片田の貯水池にりゅうがおるの？」

「僕たちは本当に探検に行くの？」

「そんならエルマーといっしょやな、ぼくたちも探検に行くんや」

「スゴイゾ！」

ということになって、ヘビが出てきたら、サルが出たら、イノシシが出たら、誰が先頭に歩くか、持ち物はどうするかと作戦を考え、計画を立て、準備をはじめます。そして、準備万端整ったところで、とどめに「この探検旅行はお母さんが心配するとあかんでないしょにしといたほうがええと思うんやけど」と言って、母親に秘密で出発したエルマーと同じ気分にさせ、「りゅうを探しに行くという虚構の世界のなかで、子どもたちにとっては本物の体験」をするように仕向けたのです。

遠足ではハラハラドキドキの体験をいっぱい楽しんで、「ぼくはチラッとりゅうのしっぽが見えたような気がする」になり、片田の貯水池にやはりりゅうがすんでいるのだという思いを強めて帰ってきたのです。

それから子どもたちは、この体験をりゅうごっこで楽しみ、続編を含め何度もくり返し読んで劇をつくり、紙芝居にし、疑問を語り合い、その解明のために現実の地図や図鑑を調べていくのです。岩附さんと五歳児クラスの子どもたちの脳味噌をフル回転した真理追求の議論と調査の過程は、科学者の研究と同じような緻密さで圧巻です。

クラス全体が同じお話を知っているからこそ始まるのですが、岩附さんの実践が示しているのは、「お話だ」ではなく「自分たちも?」と子どもが感じるように、本の世界と現実の世界とを子どもたちの力で重ねられるように導いていくと、幼児でもこんなところまでおもしろがれるということです。

『エルマーのぼうけん』から始まった「本の続き」の世界は、「クラスの仲間の共通の文化」になったといえるでしょう。

「共通の文化」が子どもたちの関係を変える

森田春美さんの実践は、本が「クラスの仲間の共通の文化」になったとき、子どもたちの関係が変わることを示しています。

四月に五歳児クラス十人の担任になった森田さんは、子どもたち一人ひとりがイライラし、それが蔓延してクラス全体がトゲトゲした雰囲気になっていることに気がつき、なんとか子どもたちを楽しい仲間にしたいと「あそび上手」を目標にしようと考えました。四月はじめ、遠足が臨海公園に予定されていたこともあって、「遠足に行く海だし、かいじゅうだし、今日はこれにしておこう」と直観的に選んだ本が、『ネッシーのおむこさん』（角野栄子作、西川おさむ絵、金の星社、一九七九年）でした。ラジオのニュースでネス湖にネッシーという怪獣がいることを聞いたザブーが、ネッシーに会いに行く冒険物語です。

この本が子どもたちの心に響いたのでしょう。短い紙芝居さえ読み終えるのが大変だった子どもたちが、三十分間真剣に聞き続けました。そのときの様子は次のようでした。

ザブーが人間にひどくやられてしまうシーンを読んだときのみんなのようす、本当に驚きました。

あの無表情でおとな不信の信くんが「人間はひどい」とつぶやいているではありませんか！

「自分さえよければいい」の龍くんは、「ちきしょう！　オレがゆるさねーゾ！」といつもと違います。はずかしがり屋の達也くんは、目をうるませ、膝を抱えている手にぎゅーっと力が入っています。

さらにびっくりしたのは、きらくんが、「本が見えないよー」と隣の瑠美ちゃんともめて泣き出したときです。

愛「きらくん、もう泣かないで」

蓮「泣いていたら、本が見れないよ」

信くんは、なんと、隣のきらくんの肩をヨシヨシという具合にやさしく叩いているではありませんか！　そして、きらくんは、肩をやさしく叩いてくれる信くんを見て、ニッコリ笑っているのです。こんなときはいつもすねて横を向いてしまうのに、今日は、みんなに励まされて自分で気持ちを立て直したのです！

さらに、さっきまでケンカ相手だった瑠美ちゃんが、このやりとりを見ていて「きらくんて、ザブーみたい」と言ったのです！　本の中に、ザブーは「かなしいまんまでいるのは　だいきらいでした」の文章があるのですが、泣いたのにニッコリ笑えたきらくんを見て、思わず言った言葉だったのでしょう。

（森田春美「『とんぼ組のザブー』が子どもを変えた」『人とのかかわりで「気になる子」』ひとなる書房、一九九九年、一三三〜一三四ページ）

その後、積み木で家をつくっていた龍くんと、そのあそびに加わりたい愛ちゃんとの間でケンカが始まったときに、森田さんが「これ、おうちというより、船に見えるよ」と言うと、龍くんは「だったら、レモン色号がいい！」、愛ちゃんは「ウェイトレスのいる台所がいるよ」とケンカはどこへやら、ザブーごっこが展開します。さらに「ザブーの歌」を八番までつくったり、運動会には「ザブーに来てもらいたい」と海のような飾りつけをしたり、秋の遠足で地図を見ながら必死にザブー捜索をしたり、三月の卒園のお祝い会で生きいきと「ネッシーのおむこさん」を演じたりしました。

「〝ザブーのことになれば『心はひとつ』になれる〟だった四月。それから一年、とんぼ組はザブーが登場しなくたって『心がひとつ』になる仲間」になったそうですが、「みんな、ザブーみたいな自分になろうとしているのではないか」と森田さんは感じています。

子どもの心の共通の基点になった本とその登場人物は、子どもたちそれぞれの心のなかで育ちそれをまた仲間で語り合いながら、「仲間の共通の文化」になっていくのでしょう。絵本の世界と現実の世界とがひょっとしたことでつながり、かつ子どもたちの現実認識ではアリッコナイと否定しきれないように、絵本の世界と現実とを結びつけるためによく用いられるのは、絵本の登場人物からの子どもたち宛に送られてくる手紙です。もちろん保育者が作った手紙ですが。しかし、こうした手紙はじつはとても難しいもののようです。子どもたちから生じてくる「ホントかもしれない……」という気分の高まりと、今子どもたちが問題にしている疑問や関心の中心、この二点をどのくらい的確にとらえているかどうかで、その手紙をキッカケに子どもたち自身が「自分たちの絵本の続き」を展開できるかどうかが決まるように思われます。子どもたちが「もしかしたら……」と想像できるとき、クラスの共通の文化として、壮大な「自分たちの絵本の続き」になるのだと思います。

いっしょにおもしろがれる仲間

こうしたことは、家庭の文化として育つのは当然です。谷地元家では、『はんぶんタヌキ』を読んで、「半分タヌキ病」に感染したそうです。「丸いせんべいをバリッと食べて一方が『あらあらはんぶんせんべいくん』などと言えば、もう一方が『あらあらはんぶんおつきさん』と切り返して笑ったり、私がたまに（?）酒を飲んで帰ってくると、『あらあらはんぶんヨッパライ』と言われたり」という具合だそうです。（『これが絵本の底ぢから！』一〇七ページ）漫画『ドラエもん』の道具が日常会話に登場する家庭は、『ドラエもん』が我が家の文化になっているのです。

いろいろな絵本が仲間の共通の文化になると、壮大なあそびが展開します。谷地元さんが「おおきなカブ」ごっこのカブ役をやったときのことです。やっとカブを抜いた子どものひとりが「何にして食べようか」と言えば、他の子は「どうやってはこぼうか」とこたえます。そこから始まるのが、『おおきな　おおきな　おいも』のストーリーによる「おおきな　おおきな　カブ」ごっこ。そして「食べたあと、このカブどうする?」に、「お墓に埋めよう」「このカブ、天国に行くのかな」「いやいや地獄行きだ！」「ギャハハハ……」と子どもたち。そこで谷地元さんが「ガハハハァ」、「おまえたち、わしはえんま大王だ！　きょうは、死んできたもんの数が多いな‼」とつなげて、たちまち『じごくのそうべえ』ごっこに。「地獄のろうやに、内からカギかけたもんね！」と子どもが言えば、「おい子ぶたくん、おいしいリンゴのあるとこ、しってるぞ」で『三びきのこぶた』風ごっこの展開に。さらには、「おかあさんだよ、あけておくれ。おいしいものをもってきたよ」で『おおかみと七ひきのこやぎ』風ごっこへとエンエンと続いたといいます。（『これが絵本の底ぢから！』一八七〜一八八ページ）

同じ絵本で、それぞれがおもしろがったことがつながりあって、別の楽しみに発展できることが、仲間の共通の文化になったということだと思います。仲間になるということは、共通の文化をもてたということではないかと思います。

大好きなおとなに読んでもらい心を動かして楽しんだ一冊の絵本。くり返しくり返し読み続け、自分の今の感情を絵本の登場人物と重ねて表現したり、絵本の続きをあれこれと考えたり、同じ絵本を知っている仲間と共通のあそびを展開することもできるのです。絵本は子どもの心を動かすことで、子どもたちの心のひだをふやしていくのだと思います。

おわりに

私が絵本の魅力をはじめて知ったのは、小学校の学級文庫に新しく入った〈岩波の子どもの本幼・一・二年向〉シリーズでした。なかでも印象深かったのは『こねこのぴっち』でした。白地に線で描かれ動きがありしかも外国の文化を感じさせる絵、鮮やかな色づかい、ページのなかの絵と文字の配置。それまで私が慣れ親しんできた講談社の昔話絵本やキンダーブックとはまったく違いました。

絵本の別の魅力に気がついたのは、福音館書店の〈世界傑作絵本シリーズ〉が次つぎと出版された七十年代になってからでした。保育場面で実際に絵本を読み聞かせるようになり、絵本の魅力は読み聞かせでこそ発揮できると知ったからです。集団に読み聞かせると、子どもたちはいろいろなことを言い、発見し、それらが重なり合って独特の雰囲気をつくりあげるのです。自分ひとりで絵本を読んでいるのとは違ったおもしろさでした。読み聞かせ中の子どもの心理を研究してみたいと思いました。

保育者の絵本実践から学ぼうと東京保育問題研究会（東京保問研）に入ったのですが、この研究会の設立者のひとりが乾孝さんでした。乾さんは、子どもの絵本や物語について心理学の立場から発言されていました。

「文学教育というのは、子どもたちにウソッコの世界に遊ぶことを教えることなんです」（いぬい・たかし『子どもたちと芸術をめぐって』いかだ社、一九七二年、二五ページ）、「『物語の世界』は、仲間とまだない世界を共有するための宇宙ステーションみたいなもの」（同書、九二ページ）、「子どもたちはみんなといっしょに、うそっこの世界に出たり入ったりする力を得なければいけない。表現された世界を、現実と間違えるような『芸術教育』というのは間違いです」（いぬい・たかし『表現・発達・伝えあい』いかだ社、一九七五年、五五ページ）といった指摘は、保育場面での絵本読み聞かせで私が感じていたことと重なりました。乾さんの研究は、理解とか記憶からではなく、子どもたちが楽しんでいる中味を研究したかった私にいくつものヒントを与えてくれました。

当時、東京保問研文学部会では、「うそっこの世界に出たり入ったり」するのが子どもの絵本の読み方だとよく言ったのですが、子どものどんな状態のことをさすのかははっきりしていませんでした。乾さんにもよく文句を言ったのですが、「君たちの仕事」と言われました。そこで、絵本のできごとや登場人物と、現実の子どもとの関係を、実際の絵本の読み聞かせ記録から取り出して実証してみようと思ったのです。本書でもこの実証に挑戦したのですが、どこまで果たせたでしょうか。

本書の一部は、私がすでに他に書いたものをもとに大きく加筆修正しました。もとにしたものは以下のとおりです。

・連載講座「発達を見る目」(全国保育団体連絡会『ちいさいなかま』草土文化、一九九一年～一九九三年)

・「絵本の読み方・選び方——絵本を楽しむ子どもの心理を追って」(『現代と保育』三〇号、ひとなる書房、一九九二年)

・「絵本は読み聞かせてこその魅力を最大限に発揮する」(『ちいさいなかま』一九九六年七月臨時増刊号、草土文化)

・「絵本の登場人物の感情と読者の感情」(山崎愛世・心理科学研究会編著『遊びの発達心理学』所収、萌文社、一九九一年)

・「絵本のおもしろさ」(福沢周亮編『言葉の心理と教育』所収、教育出版株式会社、一九九六年)

本書をまとめるために、たくさんの方々に力を借していただきました。

東京保問研の仲間をはじめたくさんの保育者に、子どもがおもしろがった絵本とそのときの子どもたちのようすを教えていただきました。子どもたちの生きいきとした読み聞かせ中の記録は、日ごろののびやかな保育実践があってはじめて可能でした。また、私が保育の場に入り、絵本を読み聞かせるのを快く引き受けてくださった保育園のご協力もありました。

おもしろい読み聞かせ記録を集めたもののそのおもしろさを取り出せず苦労していたとき、励まし支えてくれたのは心理科学研究会(心科研)の仲間でした。心科研は、よりよい生活の実現につながる心理学研究を目指し、人間の現実生活に問題を見いだし、その問題にどのように迫っていくかを重視する研究集団です。彼らは、安易に数値にするな、子どものおもしろがっている心理状態は記述しなければみえなくなると言い、それぞれの研究を進めることで刺激的視点を与えてくれました。

絵本を集団に読み聞かせて記録するのは難しいことでした。ゼミの学生や卒論に絵本を取り上げた学生と一緒にやったからこそ可能だった記録もあります。授業のレポートとして提出された多数の読み聞かせ記録は、典型事例の意味づけをするうえで貴重なものでした。

何人ものお母さん方が、絵本に関する我が子のエピソードを興味をもって記録してくださいました。とても大切な資料でした。

そして、絵本の読み聞かせをおもしろがってくれた子どもたちがいなければ、この本はできませんでした。彼らの興奮ぶりが鮮烈だったから、どうしてなのだろうという疑問が湧いてきたのです。

みなさん、ありがとうございました。

今調べてみると本書の目次は五年前にほとんどできていました。なかなかまとめきれず、忙しい日常に流される私を励まし、辛抱強く長期にわたって待ってくださった、名古屋研一さん、松井玲子さん、そしてひとなる書房のみなさん、ほんとうにありがとうございました。

二〇〇一年三月

田代　康子

一八二ページで数えてくださいとお願いした
『かいじゅうたちのいるところ』に登場する
怪獣の数は、十四です。

田代　康子（たしろ　やすこ）
1947年生まれ
東京教育大学大学院博士課程修了（発達心理学専攻）
現在　昭和音楽大学助教授
共著に『子どものあそびと発達』（ひとなる書房、1983年）、『認識と表現を育てる～保育のとびら３』（日本書籍、1985年）、『子どもの本の新しい読み方』（大月書店、1989年）、『どうみる新幼稚園教育要領』（草土文化、1989年）『育ちあう乳幼児心理学～21世紀に保育実践とともに歩む』（有斐閣、2000年）などがある

新保育論⑥
もっかい読んで！～絵本をおもしろがる子どもの心理～

2001年５月１日　初版発行
2013年10月１日　４刷発行

著　者　田代　康子
発行者　名古屋研一

発行所　㈱ひとなる書房
東京都文京区本郷２－17－13
広和レジデンス101
電 話 03-3811-1372
FAX 03-3811-1383

Ⓒ　2001 印刷／モリモト印刷株式会社
＊　落丁本、乱丁本はお取り替えいたします。

ひとなる書房の本　（価格は税別）

保育の思想

田中孝彦著・四六上製・本体2200円

子どもたちが不安を感じながら生きている今、安心の場としての保育園をどのように創っていけばいいのか。自らの子育てと保育園との関わりを通して問い続けてきた保育論、子ども論、人生論。教育関係者からも大反響！

保育における人間関係発達論

嶋さな江＋ひばり保育園著・四六上製・本体2000円

つい「かしこく・早く・上手に」を求めがちな中で、子どもも大人もお互いに自分らしさを発揮でき育ち合える保育園づくりをするにはどうすればいいのか。時代のニーズに応える地域に根ざした保育園の保育実践を語る。

大人が育つ保育園　■アトム共保は人生学校■

アトム共同保育所編著・Ａ５並製・本体1200円

子どもだけでなく､親も保育者も地域の大人たちも一緒に成長していける子育て情報センターをめざしている、小さな保育園の大きな取り組みを描く。各地新聞で紹介され反響続々！

資料でわかる乳児の保育新時代

乳児保育研究会編（代表 土方弘子）・Ｂ５並製・本体1650円

乳児を中心に、保育内容・方法・保育指導・計画などの重要事項を豊富な統計、実践資料で解説する。使いやすく工夫されたレイアウトと構成で好評の、乳児保育を学ぶ人に最適の入門テキスト。

保育に生かす記録の書き方

今井和子著・Ａ５並製・本体1800円

保育日誌、児童票、連絡ノート、クラスだより、保育記録…。子どもがよく見え、日々の保育に役立つ記録の書き方を各地の保育者の豊富な実践例でわかりやすくアドバイスします。

自我の育ちと探索活動

今井和子／森上史朗著・四六上製・本体1500円

探索活動は「自分を探り、自ら遊びだす力の根を育てる」こと。探索活動を通して幼児期のことばと感情の発達について解説します。また、現場で生かせる手づくり遊具も紹介します。

ひとなる書房の本

（価格は税別）

新保育論①【保育実践の教育学】

保育者と子どものいい関係

加藤繁美著・Ａ５並製・本体 2136 円

「自由」も「指導」も両方大切。でも現実には放任になったり、管理になったり。共感をベースにして保育者と子ども、保育者同士のより良い関係づくりを提起します。

新保育論②【続・保育実践の教育学】

子どもの自分づくりと保育の構造

加藤繁美著・Ａ５並製・本体 2200 円

保育の目標と保育内容の構造を、０～６歳の自我の育つ道筋にそくして提起する。研修会、園内学習のテキストとして最適。大好評だった「保育実践の教育学」の続編。

新保育論③【指導と理論の新展開】

あそびのひみつ

河崎道夫著・Ａ５並製・本体 2330 円

あそびは子どもにとってとても大切。でもいざ実践となると…。あそびの「おもしろさ」をキーワードにあそび論と指導の問題点を解説します。あそびの工夫に悩んでいる人におすすめの１冊。

新保育論④【描画活動の指導と理論の新展開】

描くあそびを楽しむ

田中義和著・Ａ５並製・本体 2200 円

『あそびとしての描画活動』の視点で、「自由にのびのび」から「きちんと描く」までの指導のあり方、子どもの絵の診断的見方までを再検討します。「楽しさ」を基点に実践に生かす画期的な指導を提起します。

新保育論⑤

現代の子育て・母子関係と保育

鈴木佐喜子著・Ａ５並製・本体 2200 円

親たちの生活・子育ての困難な実態と、そうした親子とともに歩もうとする保育者たちの真摯な実践に光をあて、旧来の「母子・育児論」的先入観にとらわれない新たな親と保育者の共同のあり方を探る。